EXPLORADOR SCOUT NAZARENO

Manual para Tercer y Cuarto Grado (edades 8 y 9 años) del Programa Nazareno de Caravana

EQUIPO CREATIVO
Angela Raker, Donna Manning, Peter Shovak, Suzanne M. Cook

ESCRITORES
David Hutsko, Jennifer George, Eric Wright, Stephanie Harris, Suzanne M. Cook

Suzanne M. Cook, *Caravana Editor*
Peter Shovak, *Caravana Editor Asociado*
Stephanie D. Harris, *Editor Asociado*

Yadira Morales, *Traductora*
Nixon Lima, *Maquetador*

Caravana Explorer Scout Student book
Copyright © 2004, Published by WordAction Publishing Company, A division of Nazarene Publishing House, Kansas City, Missouri 64109 USA

This edition published by arrangement with Nazarene Publishing House

Publicado por: El Ministerios de Discipulado de la Región de Mesoamérica
www.discipulado.MesoamericaRegion.org
www.MieddRecursos.MesoamericaRegion.org
Copyright © 2019 - All rights reserved
ISBN: 978-1-63580-090-6

Todos los versículos de las Escrituras que se citan son de la Biblia NVI a menos que se indique lo contrario.

Impreso en EE.UU.

No se permite la reproducción de este material con fines comerciales, únicamente para ser utilizado para discipulado en las iglesias.

CONTENIDO

Caravana Exploradores	4
El Viaje de Caravana (Insignias y Premios)	4
Uniforme de la Caravana Explorador	6
Rango Scout	8
Scout Artículos de Fe	9
Valor Fundamental de las Misiones (Harmon Schmelzenbach)	18
Valor Fundamental del Carácter (Audrey Williamson)	20
Premio Esther Carson Winans	22
Medalla Phineas F. Bresee	23

Scout Insignias

Insignias Mentales
Coleccionando	24
Primeros Auxilios	29
Equitación	35
Costura	43
Tecnología	48

Insignias Físicas
Deportes de Acción	54
Manualidades	60
Ciclismo	65
Pescando	71
Deportes Acuáticos	78

Insignias Espirituales
Lectura de la Biblia	84
Ministerios Infantiles	92
Discipulado	97
Mayordomía	103

Insignias Sociales
Cuidado de Niños	109
Ciudadanía	115
Empresa	120
Hospitalidad	126

ABC de la SALVACIÓN	131

Caravana Exploradores

Un Explorador es alguien que está en un viaje y experimenta cosas nuevas. Como Explorador tendrás la oportunidad de aprender nuevas habilidades, servir a otros y divertirte mientras lo haces.

Servir a otras personas puede ser divertido. Como explorador tendrás la oportunidad de explorar lo que es participar en proyectos ministeriales. Dios quiere que la gente de todas las edades le sirva, incluyéndote. Estate listo para explorar cómo puedes servir a Dios.

El Viaje Caravana
Ganar Insignias y Premios

La palabra *caravana* se refiere a un grupo de viajeros. Trabajan juntos. Aprenden juntos. Se ayudan unos a otros.

Como un Explorador Caravana serás parte de un viaje de dos años. Te unirás a otros preadolescentes. Ganarás insignias, irás de excursión, y participarás en actividades especiales.

Tu líder adulto se llama guía. Tu guía te enseñará y ayudará a aprender. Tu guía será un amigo especial. Junto con tu guía y los de tu rango, aprenderás acerca de tu mundo, tu iglesia, y Dios. Aprenderás nuevas y excitantes cosas.

¿Cómo Puedo Convertirme en un Explorador Caravana?

Asistir a las reuniones de Exploradores. No hay otros requisitos de membrecía.

¿Qué Tipo De Insignias Y Premios Puedo Ganar?

Hay cuatro tipos de insignias y premios que puedes ganar.

1. *Insignias de Habilidad.* Estas incluyen cosas como la fotografía, la astronomía, títeres, y cocinar. Para ganar una insignia de habilidad, debes completar todos los requisitos para esa insignia.

2. *Valor Fundamental de las Insignias.* Los valores fundamentales enfatizan las características que los cristianos deben exhibir. Cada valor fundamental destaca un hombre o mujer Nazareno que ejemplifica esta característica. Hay una historia acerca de cada una de estas personas en tu libro. Para ganar valor fundamental de la insignia, debes leer la información y completar una actividad.

3. *Insignias, Artículos de Fe.* ¿Sabes lo que cree la Iglesia del Nazareno? Hay 16 artículos de fe para ayudarte a entender lo que cree la Iglesia del Nazareno. Los Aventureros se aprenden los últimos 8. Recibirás 1 estrella por completar cada artículo de fe.

4. *Premio Esther Carson para los Exploradores.* Este es el máximo galardón de los Exploradores. Para ganar este premio debes hacer lo siguiente:
    a. Completar dos años en el programa Explorador, mientras estás en los grados tercero y cuarto.
    b. Completar 16 insignias (2 de cada categoría de cada año).
    c. Aprender los Artículos de Fe del 1 al 8.
    d. Completar dos proyectos ministeriales.
    e. Que tu guía presente tu Formulario de *Registro Individual de Seis Años* a la oficina general de Caravana.
    f. Que tu guía ordene el premio Esther Carson Winans.

Uniforme del Caravana Explorador

El uniforme del Explorador demuestra que eres una parte de un grupo especial. Eres un Explorador Caravana.

Los Exploradores Caravana llevan el uniforme informal a todas las reuniones semanales, salidas de la Caravana, actividades de la Caravana y proyectos ministeriales. El uniforme informal es camiseta y jeans del grupo. Los Exploradores llevan el uniforme formal para todas las funciones oficiales y ceremonias especiales. El uniforme formal es una camisa/blusa blanca, jeans/pantalones/falda azul marino, y la banda.

Ganarás insignias como Explorador Caravana. Tus insignias serán colocadas en tu banda Caravana. Esta es la manera en que tu banda se verá si ganas todas las insignias del Explorado.

Banda de Insignias del Explorador
Instrucciones de Colocación

Cómo Usarla: La banda del Explorador se lleva sobre tu hombro izquierdo. Las Insignias del Explorador se colocan en la parte frontal de la banda. (Coloca habilidades adicionales de las insignias, ganadas, más de ocho por año, en el reverso de la banda.)

Cómo Colocarla: Las Insignias pueden estar unidas por costura, utilizando un dobladillo, o con una pistola de pegamento caliente.

Estas son las insignias que un Centinela puede ganar.

Logotipo de la Insignia Caravana: Esto es para que todos los Exploradores lo lleven. Esto significa que son parte de Caravana.

Broches del Rango Centinela: Este año eres un Centinela. Coloca tu broche del rango en tu banda y llévalo con orgullo.

Estrellas Artículo de Fe: Por cada artículo de fe que aprendas, ganarás una estrella. Puedes ganar hasta cuatro estrellas como Centinela.

Valor Fundamental: Estas insignias son para ambos, Santidad y Evangelismo.

Habilidades de las Insignias: Como Centinela puedes ganar insignias de habilidades. Probablemente ganarás ocho insignias este año dos de cada categoría. Si quieres ganar más, habla con los guías, y te ayudarán.

7

Rango Scout

1. Conoce el signo de Caravana. Cuando tu guía hace este signo debes:

¡Parar! ¡Escuchar!

_____
Firma del Guía

2. Di el lema Caravana de memoria:
"**Confía en el Señor de todo corazón, y no en tu propia inteligencia. Reconócelo en todos tus caminos, y él allanará tus sendas.**" (Proverbios 3:5-6)

_____
Firma del Guía

3. Di la Promesa del Explorador Caravana de memoria.
"**Como Caravana Explorador seré: Alegre, Limpio, Cortés, Útil, Trabajador, Leal, Obediente, Respetuoso, Reverente, Confiable.**"

_____
Firma del Guía

4. Di el compromiso de tu bandera nacional.

_____
Firma del Guía

5. Di el juramento a la bandera cristiana de memoria.
"**Prometo lealtad a la bandera cristiana, y al Salvador para cuyo reino ésta se levanta; una hermandad, uniendo cristianos en todas partes, en servicio y en amor.**"

_____
Firma del Guía

6. Di el compromiso a la Biblia.
"**Prometo lealtad a la Biblia, la Santa Palabra de Dios. Voy a hacerla una lámpara a mis pies y lumbrera a mi camino. Voy a ocultar sus palabras en mi corazón para no pecar contra Dios."**

_____
Firma del Guía

7. Di el Propósito Caravana de memoria.
Jesús siguió creciendo en sabiduría y estatura, y cada vez más gozaba del favor de Dios y de toda la gente." (Lucas 2:52.

_____
Firma del Guía

Artículos de Fe del Scout

¿Qué son los Artículos de Fe?

Los Artículos de Fe que aprenderás son declaraciones basadas en los Artículos de Fe de la Iglesia del Nazareno. Los Artículos de Fe nos dicen lo que cree la Iglesia del Nazareno. Hay 16 artículos de fe.

¿Cuántos Puedo Aprender?

Como Scout, aprenderás las declaraciones acerca de los Artículos de Fe 5, 6, 7 y 8. Estos son: Pecado, Expiación, Libre albedrío y Arrepentimiento.

¿Voy a Recibir una Insignia por Aprender los Artículos de Fe?

Recibirás una estrella por cada Artículo de Fe cuando puedas:
1. Completar el Artículo de Fe en tu libro.
2. Decir el significado del Artículo de Fe en tus propias palabras. La estrella se llevará en la banda.

Artículo de Fe 5: El Pecado

Definición: El pecado es rebelión contra Dios. Una persona escoge desobedecer a Dios.

CREEMOS

- En el principio, Adán y Eva no tenían pecado en sus vidas. El pecado vino al mundo cuando Adán y Eva desobedecieron a Dios.
- Cada persona nacida desde Adán tiene pecado natural. Este pecado causa que la gente esté lejos de Dios.
- Cuando Adán y Eva pecaron, su relación con Dios se rompió. Se separaron de Él. El dolor y la muerte vinieron a formar parte de la vida humana.

Observa los siguientes versículos bíblicos y llena los espacios en blanco.

Romanos 8:5: Los que _____ conforme a la naturaleza _____ fijan la mente en los _____ de tal _____; en cambio, los que viven conforme al _____ fijan la _____ en los deseos del Espíritu.

Romanos 3:23: Pues todos han _____ y están _____ de la gloria de Dios.

Banco de Palabras:

privados	naturaleza	deseos	pecado
viven	pecaminosa	mente	Espíritu

¡Tu Turno!

Escribe en tus propias palabras lo que el Artículo de Fe 5 te dice sobre el pecado.

_____

_____

_____

_____

_____

_____

_____

_____

¡Hazlo!

Comprueba las afirmaciones que son verdaderas.

____ 1. Toda persona nace con el deseo de alejarse de Dios.

____ 2. Toda persona nace con el deseo de siempre hacer lo correcto.

____ 3. Cada persona comienza la vida con una relación rota con Dios.

____ 4. Cada persona tiene un cuerpo y un corazón perfectos.

____ 5. Toda persona necesita una manera de restaurar la relación con Dios.

Artículo de Fe 6: Expiación

Definición: La Expiación es la reconciliación de Dios y la gente a través de la muerte de Jesús en la Cruz. La gente puede pedir perdón de su pecado, restaurar su relación con Dios, y ser "uno" con Él.

CREEMOS

- Jesucristo sufrió y murió en la Cruz para que nuestros pecados puedan ser perdonados.
- Jesús es la única manera en que una persona puede ser salva del pecado.
- Jesús murió por todos, pero sólo los que se arrepienten y creen, serán salvos.

Busca Hechos 3:19 y completa las palabras que faltan.

Hechos 3:19: "Por tanto, para que sean _____ sus pecados, _____ y vuélvanse a _____, a fin de que vengan tiempos de descanso de parte del _____."

Banco de Palabras:
- Dios
- Señor
- borrados
- arrepiéntanse

¡Tu Turno!

Escribe en tus propias palabras el significado del Artículo de Fe 6.

_____
_____
_____
_____
_____
_____
_____
_____

¡Hazlo!

1. ¿Qué representó el frasco con agua de color?
    A. Agua con mal sabor
    B. El pecado en nuestras vidas

2. ¿Qué pasó cuando Tu guía puso el segundo líquido en el frasco de agua de color?
    A. El líquido rojo se hizo claro. El color había desaparecido.
    B. El líquido rojo se convirtió en una enorme pila de espuma.

3. ¿Cómo representa ahora el agua clara la salvación?
    A. Dios perdona el pecado en nuestras vidas y quita el pecado.
    B. Dios desaparece nuestros pecados.

Artículo de Fe 7: Libre Albedrío

Definición: Dios le dio a la gente la habilidad de tomar decisiones sobre lo correcto y lo incorrecto. Cada persona es responsable ante Dios por su manera de vivir.

CREEMOS

- Dios creó a la gente con la habilidad de elegir lo correcto y lo incorrecto.
- Cada persona es responsable ante Dios por la forma en que vive.
- Dios ayuda a aquellos que quieren apartarse del pecado. Cada persona puede convertirse en Cristiana y vivir una vida Cristiana.

Busca los siguientes versículos bíblicos. Añade la letra "e" en cada espacio en blanco para completar el versículo.

Romans 6:23: "Porqu__ la paga d__l p__cado __s mu__rt__, mi__ntras qu__ la dádiva d__ Dios __s vida __t__rna __n Cristo J__sús, nu__stro S__ñor."

¡Tu Turno!

Escribe en tus propias palabras lo que el Artículo de Fe 7 te dice acerca del libre albedrío o tu don de elección.

_____
_____
_____
_____
_____
_____
_____
_____

¡Hazlo!

¿Por qué un laberinto requiere opciones?
_____
_____

¿Cómo te sientes sobre el regalo de la elección?
_____
_____

¿Cuál es tu elección más importante?
_____
_____

Artículo de Fe 8: Arrepentimiento

Definición: Arrepentirse significa cambiar completamente la mente del pecado y pedir perdón a Dios. La persona se aleja del pecado y se vuelve a Dios.

CREEMOS

- Toda persona que quiera ser salvo de sus pecados debe arrepentirse.
- Arrepentimiento significa estar arrepentido, pedirle a Dios que te perdone, prometer dejar de pecar y comenzar a vivir una vida cristiana.
- Cuando la gente se arrepiente de sus pecados, Dios los perdona.
- Sólo las personas que se arrepienten de sus pecados y crean en Jesús como su Salvador serán salvadas.

Busca los siguientes versículos Bíblicos y completa las palabras que faltan.

Hechos 2:38a: "Arrepiéntanse y _____ cada uno de ustedes en el _____ de _____ para _____ de sus _____."

Isaías 55:7: "Que abandone el _____ su camino, y el _____ sus pensamientos. Que se _____ al _____, a nuestro Dios, que es generoso para _____, y de él recibirá _____."

Banco de Palabras:

Jesucristo	vuelva	nombre	perverso
misericordia	perdón	malvado	pecados
perdonar	(PER)	Señor	

¡Tu Turno!

Escribe en tus propias palabras el significado del Artículo de Fe 8.

_____
_____
_____
_____

¡Hazlo!

¿Cuáles son los **ABC** de salvación?

A _____
_____

B _____
_____

C _____
_____

M I S I O N E S

Misión—Una misión es una tarea especial por hacer. La misión de la Iglesia es decir las buenas nuevas de Jesucristo al mundo. Un misionero es una persona llamada por Dios y enviada por la iglesia para llevar el evangelio a otra cultura. Las tareas colectivas y los proyectos se refieren a menudo a **misiones.**

Conoce a: Harmon Schmelzenbach

A la edad de 12 años, los padres de Harmon Schmelzenbach murieron. Harmon y sus hermanos eran huérfanos. Harmon trabajó duro en una fábrica para mantener a su hermano y hermana.

Harmon se convirtió en cristiano. Sabía que Dios quería que fuera misionero. Harmon fue a un colegio nazareno. Luego subió a un bote con otros misioneros conoció a una niña llamada Lula. Se hicieron buenos amigos.

Después de que el barco llegó a África, Harmon y Lula se casaron. Ellos fueron a una ciudad en Zululand para contarle al pueblo africano acerca de Jesús. Después de un tiempo, Harmon sintió que Dios quería que ellos fueran a Swazilandia. Nadie le había contado nunca a la gente allí acerca de Jesús.

Al principio, la reina de Swazilandia no le daba a Harmon y a su esposa permiso para vivir allí. Lula y Harmon vivieron en su carro y lo condujeron de un lugar a otro hasta que la reina les dio permiso para vivir allí.

Harmon vio la necesidad de medicina y cuidado de la salud. Estudió libros sobre medicina e hizo un kit simple de medicina. Usaba este kit mientras visitaba a la gente.

Harmon y Lula se enfrentaron a enfermedades, peligros y a la muerte de algunos de sus hijos. Sin embargo, sintieron el llamado de Dios para decirle a la gente de Swazilandia acerca de Jesús.

Harmon se enfermó de malaria. Murió y fue enterrado en Swazilandia. La Iglesia del Nazareno honra a Harmon y Lula por su trabajo. Debido a ellos, muchas personas en Swazilandia recibieron atención médica y muchos se convirtieron en Cristianos.

El Ministerio de Misiones

Muchas veces Dios pide a la gente que le sirva cuando son jóvenes.

Mira 1 Samuel 16:7b. ¿Qué le dijo Dios a David que iba a ser, un joven pastor, el Rey de Israel?

Dios todavía llama a la gente hoy a ir a otra cultura para decirle a la gente acerca de Jesús. A veces Dios da este llamado cuando la persona es un niño. Para otros es durante la adolescencia o la edad adulta. Todavía hay personas que nunca han oído hablar de Jesús, y necesitan que alguien les diga.

¿Qué puedes hacer para ayudar a la gente de otras tierras y culturas a conocer a Jesús?

_____

_____

¿Por qué crees que las misiones son importantes?

_____

_____

_____

C A R Á C T E R

Carácter—Cuando una persona vive las acciones y enseñanzas de Jesucristo.

Conoce a: Audrey Williamson

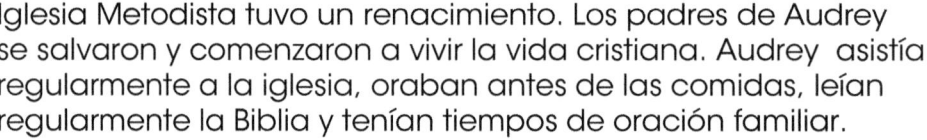

Audrey nació en 1899 en una estación de tren. Su padre era un agente de la estación de ferrocarril del Ferrocarril Central de Illinois. En esos días, la compañía de ferrocarril proporcionó un hogar sobre la estación para el agente y su familia.

Después de dos años, la familia se mudó a Marathon, Iowa. La Iglesia Metodista tuvo un renacimiento. Los padres de Audrey se salvaron y comenzaron a vivir la vida cristiana. Audrey asistía regularmente a la iglesia, oraban antes de las comidas, leían regularmente la Biblia y tenían tiempos de oración familiar.

A la edad de cuatro años, Audrey le dijo a su madre: "Quiero que me suceda lo que te ha pasado." Audrey se arrodilló junto a la mecedora de su madre y le pidió perdón a Dios.

En su casa, Audrey y su hermana vieron a sus padres modelar pureza, vida limpia e ideales cristianos. La madre de Audrey sentía que era importante memorizar versículos bíblicos. Ayudó a sus hijos a memorizar pasajes de la Biblia. El grupo de jóvenes en su iglesia también la recompensó por aprender capítulos enteros de la Biblia. El aprendizaje de la escritura se convirtió en un hábito para toda la vida de Audrey.

Cuando era niña, Audrey estaba fascinada por el poder del habla y el arte de la comunicación. Se graduó de la universidad con un grado en discurso. Recibió una maestría en comunicación del habla y se convirtió en profesora del habla.

En 1931, se casó con Gideon Williamson. Ella sirvió como esposa de pastor, esposa de un presidente de colegio, esposa de superintendente general y como co/maestra en el Colegio Bíblico Nazareno en Colorado Springs, Colorado.

A través de todas estas experiencias, modeló las actitudes de vida cristiana que aprendió cuando era niña y se hizo conocida por su carácter Cristiano y su habilidad para recitar pasajes de las Escrituras.

¡El carácter cuenta!

A medida que los niños maduran, desarrollan el carácter. Las cosas que son importantes para ellos son las cosas en las que pasarán tiempo, creerán y harán. Estas son cosas que valoran. Ahora mismo estás formando tu personaje.

¿Cuáles son algunas cosas que son importantes para ti?

_____

_____

¿Cuáles son algunas de las formas en que puedes comenzar a mostrar a otros las enseñanzas y acciones de Jesús?

_____

_____

¡Sigue Leyendo!

José vivió en tiempos del Antiguo Testamento, mucho antes del tiempo de Jesús. Sin embargo, él era un gran ejemplo de un carácter piadoso. Lee Génesis 39.

¿Cómo describirías a José?

_____

_____

_____

PREMIO ESTHER CARSON WINANS
Máximo Premio del Explorador

MISIONES

Esther y su marido Roger fueron a vivir entre una tribu de indios en la selva tropical del Perú. Los indios no tenían idioma escrito. Esther y Roger aprendieron el idioma, crearon un alfabeto y un lenguaje escrito, y luego enseñaron a los indios a leer y escribir.

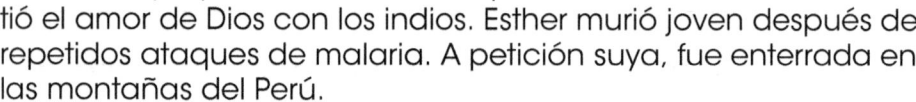

Esther comenzó a traducir el Evangelio de Lucas para que los indios pudieran leer la Palabra de Dios en su propio idioma. Ella compartió el amor de Dios con los indios. Esther murió joven después de repetidos ataques de malaria. A petición suya, fue enterrada en las montañas del Perú.

Para obtener el Premio Esther Carson Winans, se debe completar dos años en el programa Explorador mientras estés en el tercer y cuarto grado y completa lo siguiente:

Rango Centinela
- Ocho insignias (dos de cada categoría)
- Artículos de Fe 1-4
- Dos Valores Fundamentales
- Un proyecto ministerial

Rango Scout
- Ocho insignias (dos de cada categoría)
- Artículos de Fe 5-8
- Dos Valores Fundamentales
- Un proyecto ministerial

MEDALLA PHINEAS F. BRESEE

La medalla Phineas F. Bresee es un premio especial otorgado a los niños que han completado cuatro años en el programa Caravana como Explorador Centinela, Explorador Scout, Aventurero Descubridor y Aventurero Pionero.

Para recibir la medalla Phineas F. Bresee, debes completar lo siguiente:

1. Completar los rangos de Explorador Centinela y Scout cuando estés en tercer y cuarto grado.
2. Ganar el Premio Esther Carson Winans.
3. Completar los rangos de Adventurero Descubridor y Pionero cuando estés en quinto y sexto grado.
4. Ganar el Premio Haldor Lillenas.
5. Aprender los 16 Artículos de Fe.
6. Completar cuatro proyectos ministeriales.

Su guía deberá entregar su *Registro Individual de Seis Años* al director de la Caravana para demostrar que ha cumplido con todos los requisitos para el premio. El Director confirmará que ha cumplido con todos los requisitos de la medalla Bresee.

Si eres un miembro de los Boy Scouts de América, puedes usar tu medalla Phineas F. Bresee en tu uniforme de Boy Scout.

Mental

COLECCIONANDO

VERSÍCULO BÍBLICO

"No acumulen para sí tesoros en la tierra, donde la polilla y el óxido destruyen, y donde los ladrones se meten a robar. Más bien, acumulen para sí tesoros en el cielo, donde ni la polilla ni el óxido carcomen, ni los ladrones se meten a robar. Porque donde esté tu tesoro, allí estará también tu corazón." (Mateo 6:19-21)

No hay nada más importante en la vida que Dios. Debe ser lo más importante para ti. La Biblia es clara en su enseñanza que no debemos valorar las cosas aquí en la tierra nada es más importantes que Dios. No hay nada más importante que nuestra relación con Él. ¡Sin embargo, hacer una colección no se trata de valorar nuestras cosas más que a Dios! La recolección es una gran manera de compartir cosas que son importantes para nosotros con otros. Hacer una colección no es presumir acerca de cómo nuestras cosas son más agradables que nuestros vecinos.

Dios quiere que tratemos nuestras posesiones con respeto. Quiere que compartamos lo que tenemos con los demás. Diviértete haciendo una colección y disfruta poniendo tus objetos en exhibición. Pero recuerda que lo más importante no es algo que se pueda colocar en una caja. Recuerda mantener tu corazón centrado en lo más importante: Dios.

MISIONES

¿Qué Puedes Hacer Con Esta Habilidad?

¿Por qué alguien quiere comenzar una colección? Una de las mejores cosas que puedes hacer con tu colección es compartirla con otros. Mostrar a otros tu colección y decirles por qué estos artículos son especiales para ti es una gran manera de hacer amigos.

Requisitos ✓ de Insignia

Elige cuatro de los cinco requisitos siguientes para completar la insignia de Coleccionando.

Mental

- ☐ Aprender cómo iniciar y organizar una colección. Planificar una colección. Utilizar imágenes del periódico, revistas o Internet para crear un collage de algo que esperas reunir algún día.
- ☐ Iniciar una colección. Elige algo que deseas recopilar y empieza a recopilarlo.
- ☐ Organizar y exhibir tu colección de una manera que sea fácil para que otros miren y disfruten.
- ☐ Encontrar una manera de usar habilidades de recolección para ministrar a otra persona.

PALABRAS PARA SABER

Colección: Un grupo de cosas que se mantienen juntas en un lugar especial.

Pantalla: Coloca tu colección en un lugar donde sea fácil para que la gente vea y disfrute.

Organizar: Poner tus cosas en orden para que sea fácil de realizar un seguimiento y mostrarlas a los demás.

Investigación: Leer libros o usar Internet para encontrar información sobre algo que te interesa.

Tipos De Colecciones: Sesión 1

El primer paso para hacer una colección es entender los diferentes tipos de colecciones que puedes hacer. Casi cualquier cosa se puede poner en una colección. Observa la lista a continuación para sugerencias.

Autógrafos	Muñecas	Sellos
Campanas	Juegos	Peluches
Serie de libros	Cajas de Música	Mar Conchas
Insectos	Fotografías	Pósteres
Monedas	CDs	Cartas Especiales
Tazas de café	Rocas	Artículos en Miniatura
Tazas de té	Artículos Deportivos	Modelos (aviones, automóviles)

Has una lista de cosas que te gustaría recopilar:

_____

_____

_____

_____

Comienza Tu Colección: Sesión 2

Comenzar y Agregar a Tu Colección:
   Estas son algunas de las maneras en que puedes comenzar o agregar a una colección. Comprueba los que vas a hacer.
_____ Comienza con los elementos que ya tienes.
_____ Busca artículos gratis.
_____ Dile a tu familia y amigos acerca de tu colección. Pídeles que te ayuden a buscar que recolectar.
_____ Pide regalos de Navidad y de cumpleaños que se sumarán a tu colección.
_____ ¿Tienes dos de una cosa? ¿Conoces a alguien que coleccione los mismos artículos? Puedes intercambiar elementos adicionales.
_____ Busca artículos en las ventas de garaje y patio.

¿Puedes pensar en otras maneras? Habla con tu grupo sobre ellas.

Una parte realmente importante de tener una colección es poder contar acerca de tu colección y por qué es importante para ti. Hay muchas maneras de obtener información sobre tu colección. Usa libros, revistas e Internet para investigar lo que estás coleccionando.

Ayuda a tu maestro a clasificar a través de tu colección. Describe la categoría de la colección. ¿Cuál es tu artículo favorito en la colección? Di porqué el artículo es tu favorito.

_____

_____

_____
_____

¡Llamando A Todos Los Coleccionistas! Sesión 3

Viaje de Campo

Esta noche irás con tus compañeros Scouts a visitar a una colección que tu guía haya elegido. ¡Hay algunas colecciones increíbles por ahí!

A medida que vayas en este viaje de campo, piensa cuidadosamente sobre lo que está en la colección que estás viendo. ¿Por qué crees que el coleccionista eligió recoger estas cosas?

Enumera tus artículos favoritos en la colección que estás viendo:
_____
_____
_____

Observa cómo se muestra la colección. ¿Que cosa fue única en esta exhibición?
_____
_____

¡Preparados, Listos, Colecciona!

Ahora ya estás listo para comenzar una colección propia. Aquí hay algunos consejos importantes para recordar.

- Elige algo que no cueste mucho dinero.
- Elige algo de lo que realmente disfrutes aprendiendo.
- Busca información sobre tu colección antes de comenzar.
- Encuentra una manera ordenada de organizar tu colección.
- Comparte tu colección con un amigo.

No necesitas tener muchos artículos para tener una colección impresionante. Todo lo que necesitas son dos o tres elementos para hacer una colección que podrás disfrutar durante mucho tiempo.

¡ENVUÉLVELO!

1. ¿Qué es lo más interesante que has aprendido sobre la recolección?
   _____
   _____

2. ¿Por qué hacer una colección es algo divertido y significativo que hacer?
   _____
   _____

3. ¿Cuáles son algunas de las cosas que puedes recolectar y que pueden contar acerca de tu relación con Dios?
   _____
   _____

4. ¿Cómo puede Dios usar tus habilidades de Recolección en el futuro?
   _____
   _____

_____   _____
Fecha   Firma del Guía

PRIMEROS AUXILIOS

VERSÍCULO BÍBLICO

"A esas horas de la noche, el carcelero se los llevó y les lavó las heridas; en seguida fueron bautizados él y toda su familia. El carcelero los llevó a su casa, les sirvió comida y se alegró mucho junto con toda su familia por haber creído en Dios." (Hechos 16:33-34)

Pablo y Silas habían sido golpeados severamente y llevados a prisión. Pero a medianoche estaban orando y cantando alabanzas a Dios. Él envió un terremoto para romper las cadenas de los prisioneros. Era un llamado de atención al carcelero. El se dio cuenta de que no tenía una relación correcta con Dios. El carcelero creyó en Jesús. Él y su familia se convirtieron en cristianos.

¿Cómo habrías reaccionado en esta situación? Como cristiano, puedes estar preparado para una crisis. Jesucristo es tu esperanza cuando todo parece estar saliendo mal. La Biblia nos dice que Dios nos ama y se preocupa por nuestros problemas. Él promete cuidar de nuestras necesidades.

MISIONES

¿Qué Puedes Hacer Con Esta Habilidad?

Las habilidades de Primeros Auxilios son valiosas. Nunca sabes cuándo podrías ayudar a alguien. Ya sea tratando un pequeño corte o salvando la vida de alguien, puedes usar estas habilidades para el resto de tu vida. Conocer las habilidades de primeros auxilios significa que puedes ayudar a otra persona en una crisis.

Requisitos ✓ de Insignia

Elige cuatro de los cinco requisitos a continuación para completar la insignia de Primeros Auxilios.

☐ Ser capaz de pedir ayuda. Saber qué información se necesita y a quién llamar.

☐ Crear un botiquín de primeros auxilios para tu hogar.

Mental

- ☐ Aprender procedimientos básicos de primeros auxilios para estas emergencias comunes: cortes /raspaduras/ moretones, quemaduras, hemorragias nasales, picaduras de insectos, desmayos, ampollas y esguinces.
- ☐ Describir qué es el shock y cómo tratarlo.
- ☐ Encontrar una manera de usar tus habilidades de Primeros Auxilios para ministrar a alguien más.

 **Seguridad**

- ■ **Nunca** dejes a una víctima a menos que sea absolutamente necesario. Si hay dos personas, uno debe pedir ayuda mientras que uno se queda con la víctima.
- ■ **Nunca** muevas a una persona con lesiones graves.
- ■ **Siempre** revisa si hay identificación médica. La persona llevará una pulsera, collar, o tiene información en una cartera o monedero.
- ■ **Siempre** deja que los profesionales hagan su trabajo.

PALABRAS PARA SABER

RCP: Reanimación Cardio-Pulmonar. RCP se administra cuando una persona deja de respirar y su corazón no está latiendo.

SME: Servicio Médico de Emergencia. Esto por lo general es una ambulancia.

MTE: Médico Técnico de Emergencia.

Primeros Auxilios: Primera ayuda dada en una emergencia.

Fractura: Un hueso roto. Una fractura compuesta es un hueso roto que sobresale de la piel. Una fractura simple, la más común, es un hueso roto que no se sobresale de la piel.

Quemadura: Una herida recibida como resultado de algo caliente. Puede incluir una quemadura solar.

Shock: Una condición en la que una persona se debilita, puede comenzar a perder el conocimiento, y la piel se vuelve fría y pálida.

Inconsciente: Cuando la persona no está despierta. Son incapaces de ver, sentir o pensar.

Apenas Una Llamada: Sesión 1

Saber cómo dar tratamiento de primeros auxilios puede ayudarte a salvar la vida de alguien. Los accidentes ocurren todo el tiempo, y puedes ayudar a alguien en necesidad.

¿Qué Debo Hacer?

Hay dos cosas que debes hacer cuando veas una emergencia médica. En primer lugar, envía a alguien a pedir ayuda. En segundo lugar, mira cuidadosamente para decidir qué tan grave es la lesión y qué debes hacer.

Obteniendo Ayuda

1. Conocer la dirección o ubicación exacta y el número de teléfono desde donde estás llamando.
2. Conocer el tipo de emergencia (accidente de coche, alguien que no respira, huesos rotos, etc.).
3. Saber cuántas personas están involucradas en el accidente y cuántos están lesionados.
4. Conocer la ubicación de la emergencia si es diferente de donde estás llamando.
5. No cuelgues hasta que el operador haya recibido toda la información necesaria.
6. Si es de noche, pídele a alguien que te ponga fuera y donde haya luz para ayudar al servicio médico de emergencia a localizar el sitio del accidente.

Poniéndolo Todo Junto

Ves un accidente. Una persona comienza a ayudar a los heridos mientras se te pide que llames para pedir ayuda. En primer lugar, obtén toda la información necesaria. Luego tu llamada sonará algo como esto: "Hay un accidente en la esquina de la calle principal y Anderson. Hay tres personas heridas. Uno de ellos ha dejado de respirar. Los otros dos podrían tener huesos rotos. Estoy llamando desde el número de teléfono celular _____." (Dar su número de celular.)

Evaluación de un Accidente

1. ¡Permanece en CALMA! No te asustes. Piensa en lo que necesitas hacer para salvar la vida de la persona.
2. Si la víctima está inconsciente, comprueba si hay signos de vida. Revisa el pulso y la respiración de la víctima.
3. Si la persona no está respirando o no tiene pulso, comienza la RCP.
4. Si la víctima está despierta, detén cualquier sangrado severo.
5. Trata el shock.

Nota: Si hay otras personas alrededor, uno de ellos debe ser enviado por ayuda. Nunca intentes mover a una persona herida a menos que sea absolutamente necesario.

Todas Las Cosas Correctas: Sesión 2

Fabricación de un Botiquín de Primeros Auxilios

Los botiquines de primeros auxilios son prácticos para tener alrededor de la casa. Ellos tienen todos los suministros necesarios para el tratamiento de las lesiones que pueden ocurrir. Aquí hay una lista de materiales que necesitas para tu botiquín de primeros auxilios.

1. Pinzas
2. Tijeras
3. Termómetro
4. Pasadores de seguridad
5. Aspirina o analgésico
6. Ungüento antiséptico
7. Vendajes adhesivos
8. Cojín de gasa grande
9. Cinta adhesiva de una pulgada
10. Guantes de plástico desechables
11. Loción de calamina
12. Repelente de insectos
13. Cojín caliente y frío
14. Vendaje elástico

Tu Turno Ahora: Sesión 3

Cortadas / Arañazos / Moratones

1. Limpia el área con agua y jabón.
2. Aplica un ungüento antiséptico y cubre con un vendaje de tamaño adecuado.
3. Si es necesario, usa una compresa fría para ayudar a reducir la hinchazón.
4. Para cortes más serios, aplica presión directa al área herida. (Esto es a menudo necesario para lesiones sufridas en accidentes graves.)
5. Si la presión directa no logra detener el sangrado, usa uno de los cuatro puntos de presión para ayudar a detener el flujo de sangre.

NOTA: Nunca apliques un torniquete a menos que sea absolutamente necesario. Sólo un médico debe hacerlo.

Quemaduras

1. Enjuaga el área con agua fría o aplica una compresa fría sobre la piel.
2. Limpia el área quemada con un antiséptico o crema.

3. Para las quemaduras solares, usa una crema solar o aloe vera para aliviar el dolor.
4. Si se producen ampollas o ennegrecimiento de la piel, consulta a un médico inmediatamente.

Tobillo Torcido

¡Utiliza CDEH!
>   **C**-Compresión
>   **D**-Descanso
>   **E**-Elevación
>   **H**-Hielo

Hemorragias Nasales

1. Pellizca todas las partes blandas de la nariz entre el pulgar y el dedo índice.
2. Mantén la cabeza más alta que el nivel de tu corazón. Siéntate o acuéstate con la cabeza elevada.
3. Pellizcar la nariz por un total de cinco minutos.
4. Después de que el sangrado termine, usa hielo en la nariz y las mejillas.

Ampollas

1. Limpia cuidadosamente el área con jabón y agua tibia. Frotar alcohol también es bueno para limpiar el área.
2. Que un adulto use una aguja para hacer un agujero en la ampolla y drenar el líquido. No quites la piel.
3. Aplica un ungüento antibiótico, y usa un vendaje limpio para cubrir el área.
4. Cambia el vendaje todos los días. Si el enrojecimiento empeora, puede haber infección. Ve a un médico inmediatamente.

Desmayo

1. Comprueba si la persona está respirando.
2. Coloca a la persona sobre su espalda, y levanta las piernas más arriba que su cabeza. Esto ayudará a que el flujo de sangre vuelva al cerebro.
3. Una vez que la persona haya revivido, pídele que se acueste durante unos minutos antes de intentar ponerse de pie.
4. Pide a la persona que visite a un médico inmediatamente.

Picaduras de Insectos

Las picaduras de mosquitos y las picaduras de pulgas son las picaduras de insectos más comunes. Las picaduras de abejas son también muy comunes. Las picaduras de araña son más graves y puede requerir que consultes a un médico. Las arañas de carmelitas y viudas negras son muy peligrosas.

Aquí hay algunos consejos a seguir:
- No rascar. Esto propagará la infección.
- Use benadrilina para ayudar con cualquier enrojecimiento o irritación.
- Aplica una toallita fría para ayudar con el escozor.
- Para picaduras de abeja, retira cuidadosamente el aguijón antes de tratarlo.

Shock

El Shock se produce cuando el cerebro no recibe suficiente oxígeno. La persona se sentirá fría y la piel estará pálida. La persona también estará muy débil. Siempre debes tratar a las personas heridas por shock. La mayoría de las personas ni siquiera se dan cuenta de que están en estado de shock.

Aquí está cómo tratar el shock.
- Envolver a la persona en una manta.
- Elevar los pies.
- Mantener a la persona hablando.

¡ENVUÉLVELO!

1. ¿Qué aprendiste de tu proyecto de ministerio?

___

___

2. ¿Cómo puede Dios usar tus habilidades de primeros auxilios en el futuro?

___

___

3. Sabemos que podemos mostrar el amor de Dios a los que nos rodean. ¿Cómo has mostrado el amor de Dios a alguien últimamente?

___

___

Fecha   Firma del Guía

EQUITACIÓN

Mental

VERSÍCULO BÍBLICO

[Dios pregunta a Job] "¿Le has dado al caballo su fuerza? ¿Has cubierto su cuello con largas crines? ¿Eres tu quien lo hace saltar como langosta, con su orgulloso resoplido que infunde terror?" (Job 39:19-20).

CARÁCTER

¿Qué Puedes Hacer Con Esta Habilidad?

Desarrollar un amor por los caballos es algo que puede aerte una vida de alegría. También es una forma de aprender responsabilidad y empatía. Mientras que montar puede parecer fácil, los caballos requieren mucho trabajo y pueden ser muy peligrosos si no se manejan correctamente. Nos enseñan a entender y respetar criaturas que son muy diferentes de nosotros mismos. Los caballos nos ayudan a alabar a Dios por las maravillas de su creación.

Dios llama a todos a ser santos, lo que significa que todo acerca de nosotros está dedicado a Él: nuestras actitudes, pensamientos y acciones. Como pueblo santo, necesitamos cuidar y aprender acerca de las cosas que Dios ha creado. Construir relaciones con animales y aprender a entenderlos nos ayudará a entender más acerca del Dios maravilloso que hizo a la gente y a los animales.

Requisitos ✓ de Insignia

Elige cuatro de los cinco requisitos para completar la insignia de Equitación.

☐ Aprender a preparar un caballo.
☐ Ver una demostración sobre cómo montar y frenar un caballo.
☐ Aprender a montar y desmontar con seguridad.
☐ Aprender a pedir al caballo que camine, gire y pare.
☐ Encontrar una manera de usar tus habilidades de equitación para ministrar a alguien más.

Mental

#1 Seguridad

1. Si tienes miedo al caballo, evítalo. Los caballos sienten el miedo.
2. Permanece en silencio alrededor de un caballo.
3. Habla con un caballo antes de tocarlo. No asustes a un caballo.
4. Cuando estés cerca de un caballo, tócalo a menudo.
5. Mira las orejas de un caballo cuando lo prepares o ensilles. Él moverá las orejas de nuevo bruscamente si va a patear.
6. Si te pierdes en un sendero, da al caballo una rienda suelta. Volverá al granero.
7. NO envuelvas las riendas alrededor de tus manos o átate al caballo de ninguna manera. Si eres expulsado, podrías ser pisoteado o arrastrado.
8. Asegúrate de que las riendas estén fuera del cuello del caballo cuando desmontes.
9. Usa ropa que sea cómoda y proteja tus piernas mientras se frotan contra la silla de montar y usa zapatos con tacones.
10. Nunca te quedes detrás del caballo.

Palabras Para Saber

Lazos Transversales: Dos cuerdas ancladas a cada lado de una pasarela que se conectan a los anillos del cabestro de un caballo.

Mano: Un término de medida. Una mano es de unas cuatro pulgadas, alrededor de la anchura de la mano de un hombre en sus nudillos. Los caballos se miden en manos. Un caballo tiene al menos 14 1/2 manos de alto. Un poni tiene menos de 14 1/2 manos de alto.

Semental: Un caballo masculino utilizado para la cría.

Yegua: Una hembra de más de tres años de edad.

Potra: Una hembra de menos de tres años de edad.

Potro: Un caballo masculino de menos de tres años de edad.

Potrillo: Un caballo joven.

Lado Cercano: Lado izquierdo de un caballo.

Lado de Afuera: El lado derecho de un caballo.

Arreos: Equipo tal como el sillín y brida, usados para arnés de caballos de silla.

Brida: El sombrero usado para controlar el caballo. Está hecho de correas y piezas de metal que caben en la cabeza del caballo y en su boca.

Bocado: La parte metálica de la brida que encaja en la boca del caballo.

Riendas: Largas, estrechas tiras de cuero conectadas a la broca, utilizadas por el jinete para comunicarse con el caballo.

Canto: La pieza de la manija en la parte posterior de la silla de montar.

Pomo: El mango en la parte delantera de la silla.

Trabajo Preparatorio: Sesión 1

Montar caballos comienza en el suelo. Es importante conocer algunas cosas acerca de un caballo mucho antes de llegar a la espalda de un caballo. Montar comienza con términos de aprendizaje y los usos apropiados de la tachuela.

El Caballo
Aprende las siguientes partes de un caballo.

El Cuerpo

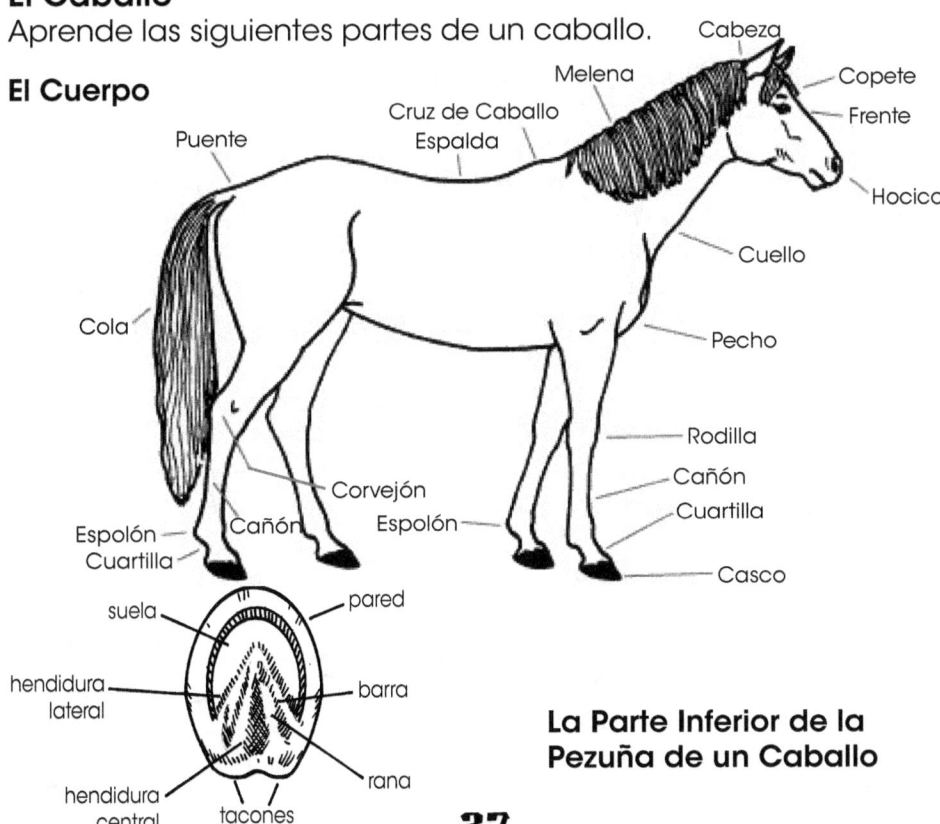

La Parte Inferior de la Pezuña de un Caballo

Equitación Inglesa y Occidental

Los dos estilos de equitación son Inglés y Occidental. Requieren diferentes tipos de arreos, así como algunos comandos diferentes.

Silla de Montar

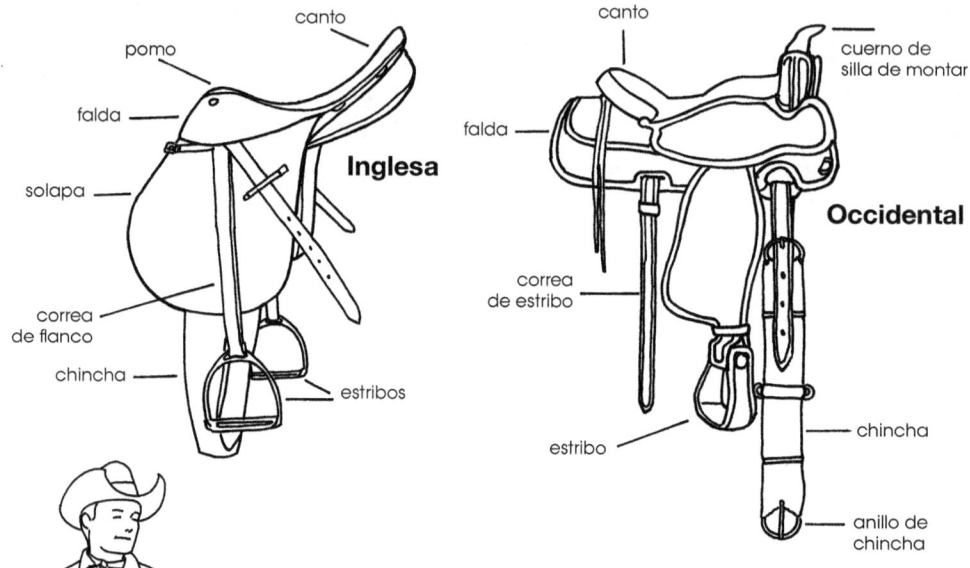

Ropa para montar

La ropa para montar debe ser cómoda. Debe proteger las piernas cuando froten contra la silla, así que ¡no pantalones cortos!

En la equitación occidental, la gente usa a veces chaps, que son pantalones de cuero sin asiento que caben sobre los pantalones regulares. Protegen las piernas de ser rasguñadas, y también son usados a menudo por la gente en equitación occidental. Algunas personas también usan botas occidentales.

En la equitación inglesa, la gente usa jodhpurs o calzones, que son pantalones apretados que caben dentro de las botas inglesas de montar. También usan un casco para protegerlos cuando saltan el caballo sobre las cercas.

¡Piensa en la Seguridad!
Si estás montando inglés o occidental, lleva siempre un zapato con un talón. ¡Eso significa que no hay zapatos corrientes o atléticos! El talón impide que el zapato se deslice a través del estribo, lo que puede resultar en caerse de la silla y ser arrastrado.

Preparación: Sesión 2
El aseo adecuado comienza con estas herramientas: un peine de curry, un cepillo duro, un cepillo suave y una peana.

Preparación de un Caballo:
- **Comienza con el caballo en lazos cruzados.**
- **Usa primero el peine de curry.** Este peine nunca debe ser utilizado en la cara de un caballo. El peine de curry va a aflojar la suciedad del pelo al levantarlo a la superficie. Comienza en la parte superior del cuello del caballo. Mueve el peine de curry en círculos pequeños y suaves por el cuello y el pecho del caballo. No lo uses en sus piernas o sobre o debajo de sus rodillas, donde la piel es demasiado sensible. Usa el curry en su vientre y espalda y cuidadosamente acércalo a sus cuartos traseros. Pasa el curry por sus patas traseras, de pie al lado de la cadera del caballo.
Precaución: Nunca te coloques detrás del caballo. Continúa moviendo el cepillo en un movimiento circular por su pierna, deteniéndote cuando llegues al corvejón. Repite en el otro lado.
- **Utiliza el cepillo duro.** Este cepillo tiene cerdas firmes y se puede utilizar en las mismas partes del caballo que utilizaste el peine de curry. Mira de cerca el escudo del caballo y verás patrones en la forma en que el pelo del caballo crece. Ten cuidado de seguir el patrón del cabello mientras lo cepillas.
- **Utiliza el cepillo suave.** Puedes utilizar el cepillo suave para cepillar suavemente la cara del caballo. Continúa por el cuerpo, cepillando todo el camino hasta la parte superior de los cascos.
- **La pezuña.** La peana se utiliza para eliminar las piedras o la suciedad que puede estar en el casco. Un manipulador experimentado te mostrará cómo usar la selección.

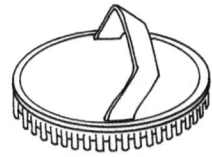  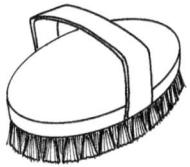 

¡Cuenta Ho! Sesión 3

¡Ahora que sabemos cómo arreglar el caballo, vamos a montar!

Selección de un Caballo

Elige un caballo basado en tu experiencia y en cuanto has montado. Si eres un jinete principiante, elige un caballo bien entrenado de unos 10 años de edad.

Recogiendo

Saber cómo apuntar correctamente es muy importante. Un manipulador experimentado te mostrará los entresijos de poner en una silla de montar y brida correctamente.

Cómo Montar

Montar significa montarse en un caballo y sentarse en la silla de montar. Párate en el lado izquierdo del caballo para montar.

Sostén las riendas y la melena del caballo en tu mano izquierda. Pon tu pie izquierdo en el estribo.

Coge la parte posterior de la silla con tu mano derecha y tira de ti mismo.

Ten cuidado de no patear al caballo con tu pie derecho mientras lo atraes.

Mueve tu mano derecha a la empuñadura (el frente de la silla de montar). Siéntate suavemente.

Coloca el pie derecho en el estribo derecho.

Cómo Sostener las Riendas

La imagen de la derecha muestra cómo sostener las riendas. Tus manos deben estar cerca de dos pulgadas aparte y ligeramente por encima de la cruz. Este es el estilo inglés. Si tu área utiliza el estilo occidental, tu guía te mostrará la diferencia.

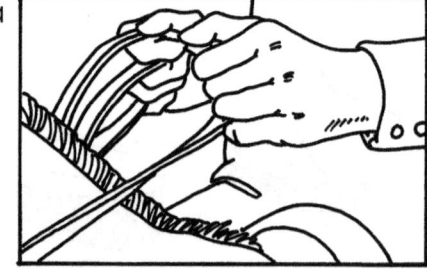

Cómo Pedir a un Caballo que Camine

Aprieta ambas piernas contra los lados del caballo. Deja que las riendas sigan el movimiento de la cabeza del caballo. Observa atentamente hacia dónde va.

Cómo Pedirle a un Caballo que Gire

Los caballos pueden responder a las dos órdenes de pierna y réplica. El propietario del caballo te dirá que usar con su caballo en particular.

Señales de la pierna

1. Para ir a la derecha, presiona tu pierna izquierda contra el lado del caballo.
2. Para ir a la izquierda, presiona tu pierna derecha contra el lado del caballo.

Señales Riendas

1. Para ir a la derecha, tira suavemente de la rienda derecha.
2. Para ir a la izquierda, tira suavemente de la rienda izquierda.

Pedirle a un Caballo que Pare

Mueve tu equilibrio a la parte posterior de tu silla de montar inclinándote ligeramente hacia atrás. Retira suavemente las riendas.

Desmontar un Caballo

Desmontar (bajar) a la izquierda.

Agarra las riendas y la melena del caballo con la mano izquierda

Coloca la mano derecha en el canto (la parte delantera de la silla de montar)

Mueve tu pierna derecha sobre la garupa del caballo y bájala junto a tu pierna izquierda.

Mueve tu mano a la parte posterior de la silla.

Equilibra tu cuerpo.

Desliza tu pie izquierdo fuera del estribo y cae suavemente al suelo.

Modos Naturales de un Paseo del Caballo

Caminar

Trote

Galope

¡ENVUÉLVELO!

1. ¿Cómo te sentiste después de tu proyecto de ministerio?
   _____

2. Dios le hizo a Job una pregunta sobre un caballo. ¿En qué estaba pensando Dios para que Job pensara? _____
   _____

3. Dios pidió a la gente que cuidara la tierra, los animales y las plantas. ¿Cómo podrían las habilidades de Equitación ayudarte a hacer eso? _____
   _____

4. ¿Cuáles son algunas maneras en que aprender acerca de los caballos te ayuda a saber más acerca de Dios y su creación?
   _____
   _____

_____   _____
Fecha   Firma del Guía

COSTURA

Mental

VERSÍCULO BÍBLICO

"Sin demora Pedro se fue con ellos, y cuando llegó lo llevaron al cuarto de arriba. Todas las viudas se presentaron llorando y mostrándole las túnicas y otros vestidos que Dorcas había hecho cuando aún estaba con ellas." (Hechos 9:39)

Nada es tan genial como ser capaz de hacer tus propias cosas. Ya se trate de una estantería que hayas construido o de un sombrero que hayas hecho, aprender a confeccionar cosas a partir de materias primas es una habilidad valiosa que te servirá bien para toda la vida. Aprender a coser es una habilidad que tiene infinitas ventajas, incluyendo aprender a hacer tu propia ropa y darte confianza en ti mismo.

MISIONES

¿Qué Puedes Hacer Con Esta Habilidad?

La Costura es una de las cosas más útiles que puedes aprender hacer. Si puedes coser, puedes hacer cosas para ti y otras personas, como mochilas, monederos, ropa y sombreros. Puedes arreglar tu ropa cuando los botones se rompan o cambiar la ropa cuando no te sirva. ¡Puedes doblar esos vaqueros!

Requisitos ✓ de Insignia

Elige cuatro de los cinco requisitos para completar la insignia de Costura.

- ☐ Ser capaz de demostrar el lado correcto e incorrecto de una pieza de tela, el orillo y el corte de un trozo de tela con un patrón.
- ☐ Demostrar cómo usar clavijas rectas para sujetar dos piezas de tejido juntas y fijar un patrón a la tela.
- ☐ Demostrar cómo roscar una aguja y coser un botón.
- ☐ Hacer un proyecto utilizando las habilidades de Costura.
- ☐ Encontrar una manera de usar habilidades de costura para ministrar a otra persona.

Palabras Para Saber

Orillo: El borde exterior de la tela. Se teje en un telar y no se pelea.

Grano: La dirección de los hilos de la tela tejida. El hilo debe ser seguido para permitir que la prenda o artículo se cuelgue correctamente.

Patrón: Formas impresas en papel de seda para cortar trozos de tela. El patrón incluye instrucciones para juntar esas piezas.

Lado Derecho / Lado revés: Muchos materiales tienen un lado derecho y un lado revés. El lado derecho es a menudo más colorido que el lado revés.

EMPEZANDO

Coser es como la carpintería. Hay un montón de herramientas y un montón de maneras diferentes de hacer las cosas. Para este proyecto, necesitarás tu propia caja de herramientas, también conocida como caja de costura.

También necesitarás una gran cantidad de herramientas (herramientas de costura) que resultarán útiles cuando abordes tu primer proyecto de costura.

HERRAMIENTAS

Para su proyecto de costura, necesitarás estas cosas:
- Tijeras afiladas
- Hilo en una variedad de colores
- Alfiler
- Cinta métrica
- Paquete o caja de patillas rectas
- Paquete de agujas de coser
- Aguja de enhebrado
- Dedal que se adapte a tu dedo medio

Cómo Enhebrar Una Aguja: Sesión 1

1. Mira el extremo ancho de la aguja. Tiene un agujero en él, que se llama "ojo".
2. Desenrolla un trozo de hilo (alrededor de 24 pulgadas de largo) de un carrete de hilo.
3. a. *Usando un enhebrador de aguja:* Coloca el enhebrador de aguja a través del ojo de la aguja. Coloca el hilo a través del enhebrador de aguja y tira del enhebrador con el hilo en ella a través del ojo de la aguja. El hilo ahora estará a través del ojo de la aguja.
3. b. *Sin un enhebrador de aguja:* Moja el dedo índice y el pulgar con la lengua. Tira del extremo del hilo entre el dedo

índice y el pulgar. Esto aplanará el final del hilo. Esto hace que sea más fácil deslizar el hilo en el ojo de la aguja.

4. Después de que la aguja esté enhebrada, has un nudo en el extremo del hilo. Tu guía te mostrará cómo. Ahora estás listo para coser un botón. Puedes utilizar diferentes diseños para coser un botón.

Hay diferentes tipos de botones.

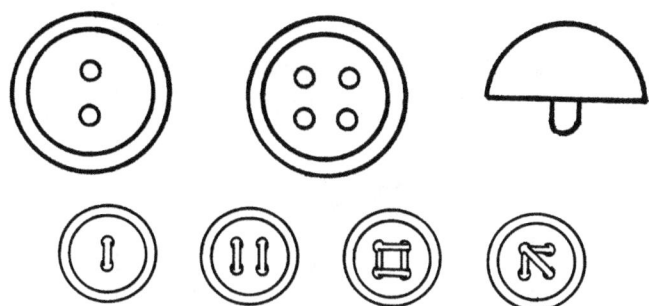

Cómo Coser en un Botón

1. Enhebra la aguja. Utiliza una aguja de doble rosca. Has un nudo en ambos extremos del hilo.
2. Coloca el botón donde desees en tu material. Empuja la aguja por el lado revés del tejido y hacia arriba a través del agujero en el botón.
3. Cose a través de los orificios de los botones y a través del botón varias veces. No cosas el botón demasiado fuerte.
4. Empuja la aguja a través del orificio del botón, pero no a través del paño. Envuelve el hilo de la aguja alrededor de las roscas del botón varias veces. Empuja la aguja a la parte posterior de la tela.
5. Coloca la aguja por debajo y por encima de las roscas en la parte posterior varias veces. Corta el hilo. Ata los extremos sueltos.

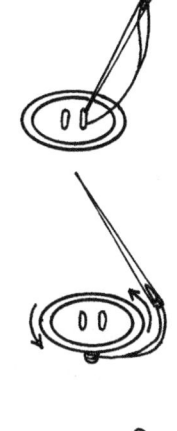

Puntos Básicos: Sesión 2

Estos son algunos de los puntos básicos que se utilizan con mayor frecuencia. Usa un pedazo de tejido para practicarlos. Pídele ayuda a tu guía si la necesitas.

Hilvanar	Puntada Corriente	Pespunte
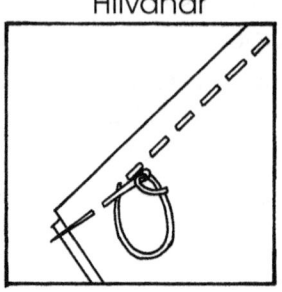		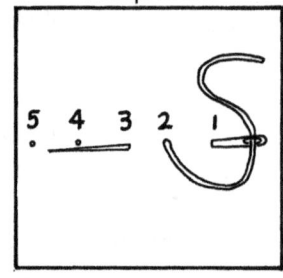
Punto Nublado	Puntada de Dobladillo	Puntada de Manta
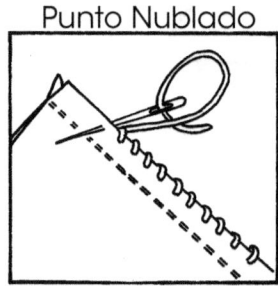	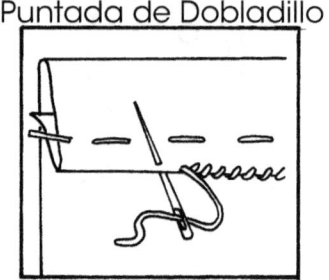	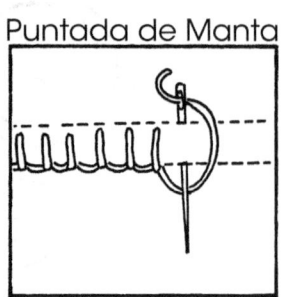

Cuando hayas practicado las puntadas, trata de poner dos piezas de tejido juntas, de la parte delantera a la parte frontal, y cose un lado para crear una costura. Muestra a tu guía el producto terminado.

Proyecto de Costura: Sesión 3

Uso de Patrones

Los patrones de costura son muy importantes. Proporcionan las formas para cortar la tela y algunas instrucciones sobre cómo coserlas juntas. El patrón es la base de un proyecto. Primero selecciona un patrón a seguir. Si tienes tu propio patrón, ábrelo cuando tu guía te indique que lo hagas. O, si tu guía tiene un patrón para que la clase use, observa atentamente.

El patrón contiene piezas que debes cortar con cuidado. La mayoría de los patrones contienen más piezas de las que necesitarás para tu proyecto. Lee detenidamente en las instrucciones para determinar qué piezas necesitas usar. Luego, sigue cuidadosamente las líneas negras mientras cortas las piezas.

El Diseño

Este es un paso importante en el proceso. Coloca tu tela en una mesa que sea más larga que la pieza de tela. Por lo general, el tejido debe doblarse. Orillas (los bordes terminados) juntas. Si tu proyecto requiere que la tela se establezca de manera diferente, las instrucciones indicarán qué hacer.

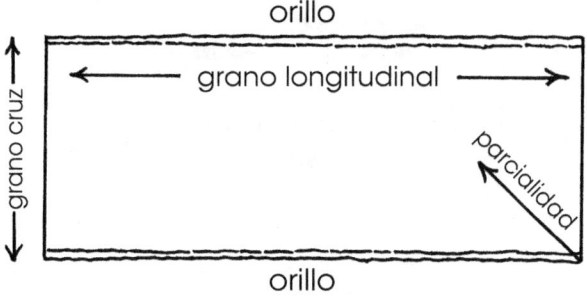

En la pieza del patrón encontrarás una flecha negra larga y gruesa. Esta flecha debe alinearse con el orillo. Coloca la pieza hacia abajo y trata de hacer la flecha como paralela a la orilla. Inserta una o dos clavijas rectas en la tela para sujetar el patrón a la tela. A continuación, utiliza la cinta métrica.

Coloca la cabeza de la cinta métrica en un extremo de la flecha negra y mide la distancia desde la punta de la flecha hasta el orillo. Escribe cuál es la medida. Luego, coloca la cinta métrica en el otro extremo de la flecha negra y mide la distancia desde ese extremo hasta el orillo. Ajusta la colocación del patrón hasta que ambas mediciones sean idénticas. Esto permitirá que el elemento se bloquee correctamente.

Cuidadosamente pon la pieza de tejido a la tela y corta alrededor de ella. Pon las piezas a un lado mientras las termina.

¡ENVUÉLVELO!

1. ¿Cómo te sentiste después de tu proyecto de ministerio?
   _____

2. ¿Cómo puedes usar tus habilidades de costura cuando te mudes a tu primer apartamento?
   _____
   _____

3. De acuerdo con Hechos 9:39, ¿cómo utilizó Dorcas sus habilidades de costura?
   _____
   _____

_____   _____
Fecha   Firma del Guía

TECNOLOGÍA

Mental

VERSÍCULO BÍBLICO

"Escuche esto el sabio, y aumente su saber; reciba dirección el entendido." (Proverbios 1:5)

La tecnología está cambiando a un ritmo rápido. Hay información disponible más que nunca. Sin embargo, puedes aprender sobre cualquier cosa que haya que saber, pero no te hace sabio. La sabiduría es más que saber algo. La sabiduría significa que usas la experiencia y el buen juicio al tomar decisiones. El conocimiento te ayuda a tomar la decisión.

El primer paso para llegar a ser sabio es escuchar. Escucha lo que la gente dice y te enseña. Cuando tomes tiempo para escuchar a los demás, comenzarás a tomar mejores decisiones. ¿Por qué? Realmente escuchas lo que dicen.

Cuando Dios nos habla, somos sabios cuando escuchemos lo que Él está diciendo. Dios nos guiará. Él nos guiará en lo que es correcto, pero debemos estar dispuestos a escuchar.

CARÁCTER

¿Qué Puedes Hacer con Esta Habilidad?

La tecnología está en auge por todas partes. El reloj de pulsera que llevas tiene ordenador tecnología computarizada que en el pasado llenó un edificio entero. La comprensión de la tecnología te ayudará en tu futura carrera, pero también te ayudará a servir a Dios y a la iglesia. La tecnología tiene muchos usos en la iglesia. La mayoría de los servicios de adoración utiliza tecnología para ayudar a la gente a adorar.

Requisitos ✓ de Insignia

Elige cuatro de los cinco requisitos para completar la insignia de Tecnología.

- ☐ Explorar el interior de una computadora.
- ☐ Utilizar el software de presentación para crear diapositivas para una canción.
- ☐ Visitar una cabina de sonido, un estudio de sonido o una tienda de equipos de sonido.

- ☐ Ayudar a ejecutar la cabina de sonido para un servicio o saber lo que ocurre en la cabina de sonido durante un servicio.
- ☐ Encontrar una manera de utilizar las habilidades tecnológicas para ministrar a alguien más.

Mental

#1 Seguridad

- ■ **Nunca** uses el equipo de sonido a menos que esté presente un adulto experimentado.
- ■ **Nunca** apuntes los micrófonos a un altavoz.
- ■ **Utiliza siempre** el menú para apagar un ordenador.
- ■ **Ten siempre mucho cuidado** al utilizar equipos de tecnología.
- ■ **Nunca** retires la cubierta de una computadora sin la supervisión de un adulto.

Palabras Para Saber

CD-Rom: Un pedazo de hardware de computadora que lee un programa de software de disco compacto.

Monitor de Computadora: Un dispositivo similar a un televisor que permite ver la imagen principal de la computadora.

CPU: Unidad Central de Procesamiento. El chip de computadora principal utilizado para todos los cálculos de computadora en el equipo.

Disco Duro: El dispositivo de memoria principal de un ordenador.

Hardware: Equipo informático, como el monitor de la computadora, el disco duro o la impresora.

Monitor Speaker: Un altavoz utilizado para ayudar a los cantantes y que la banda se escuche mejor.

Mother Board (placa madre): El principal componente electrónico de una computadora.

Software de Presentación: Software de computadora que permite presentar material en formato de diapositivas a través de un proyector de vídeo o monitor de computadora.

Software: Un programa de computadora.

Proyector de Vídeo: Un dispositivo utilizado para proyectar imágenes de vídeo o de computadora en una pantalla grande.

Una Mirada Interior: Sesión 1

¿Sin que parte de la tecnología seria más difícil para ti vivir: teléfono celular, walkman, la World Wide Web, DVD, computadora personal o videojuegos? Todos ellos han sido inventados en la vida de tus padres. No podemos imaginarnos sin la mayoría de estas cosas.

La tecnología también es muy importante para la iglesia. Los pastores usan teléfonos celulares y correos electrónicos para mantenerse en contacto. Las computadoras personales ayudan a tu pastor a escribir su sermón, proyectan letras de canciones, escriben boletines y hacen boletines de adoración. Estas son sólo algunas piezas importantes de la tecnología utilizada en la iglesia.

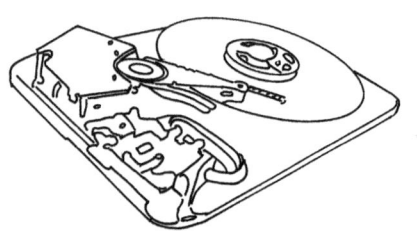

Una Mirada Adentro

Con la supervisión de un adulto, explora el interior de una computadora. Descubrirás la placa madre, el chip de procesamiento central, memoria RAM, disco duro, y muchas otras partes de una computadora.

El disco duro es el dispositivo de almacenamiento principal de memoria para tu computadora. Estos vienen en diferentes tamaños. Se están haciendo más grandes a medida que los programas se hacen más grandes.

Las placas madre ayudan a la computadora a funcionar como una sola unidad. Es la placa electrónica principal que une todo el hardware diferente de la computadora.

Los chips de memoria ayudan a la computadora a ejecutar programas más rápido.

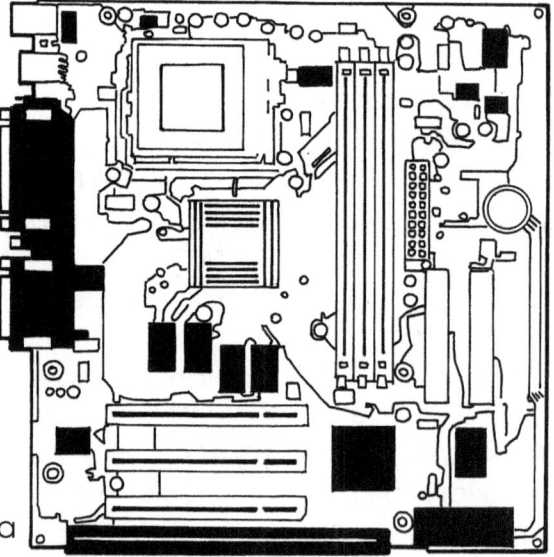

 Chip de Memoria

50

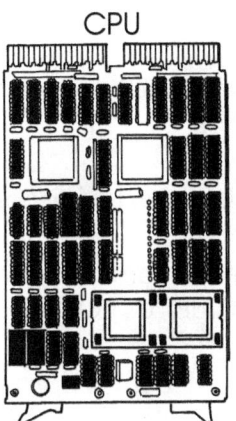

CPU

La CPU procesa todas las funciones de la computadora. Cuanto más grande sea el procesador, más rápido funcionará el ordenador.

¿Puedes Nombrar las Partes de la Computadora?

Utiliza estas palabras para rellenar los espacios en blanco:

- Ordenador
- Ratón
- CD-ROM
- Teclado
- Disquete
- Monitor

Programas Que Ayudan: Sesión 2
Fundamentos de Software

1. **Bases de Datos.** Las bases de datos son programas de software. Estos programas ayudan a tu iglesia a rastrear nombres, direcciones, números de teléfono y otra información para cada miembro. Utiliza bases de datos para ayudarte a mantener un registro de los visitantes y cómo tu iglesia los sigue.
2. **Procesador de Textos.** Un procesador de textos es un programa informático que permite escribir palabras y oraciones. Tu pastor usa un procesador de textos para ayudarle a escribir su sermón para el domingo. El secretario de la iglesia escribirá cartas o boletines informativos o preparará boletines usando un procesador de textos.
3. **Software de Presentación.** El software de presentación permite crear diapositivas para mostrar información en una pantalla grande o en un monitor de computadora. Las iglesias usan estos programas para mostrar letras de canciones, anuncios o dar información sobre la iglesia.

Diez Consejos Para Presentaciones Excelentes
1. Utiliza asistentes para crear diapositivas. Los programas de software tienen programas que guían a través de la creación de una diapositiva. Estos son llamados wizards.
2. Mantenerlo simple. No agregues demasiadas palabras o imágenes a una sola diapositiva.
3. Elige cuidadosamente los fondos. Si utilizas imágenes para el fondo, asegúrate de que no distraigan de las palabras. Si utilizas color para el fondo, elige con cuidado.
4. Elige las fuentes correctas. Aquí hay algunas buenas fuentes para usar: Times New Roman, Garamond, Copperplate Gothic, Arial, Arial Black, Tahoma y Helvetica.
5. Elige animaciones y transiciones cuidadosamente. Las animaciones permiten que tus palabras e imágenes entren en la diapositiva con movimiento. Una transición es cómo una diapositiva se mueve a la siguiente. Demasiada animación puede distraer a los que ven la diapositiva.
6. Usa notas para seguir adelante. Hay un área para escribir notas para cada diapositiva. Cuando imprimas estos en una impresora, puedes seguir adelante más fácil.
7. Utiliza títulos de diapositivas para ayudar a localizar diapositivas rápidamente. Si utilizas la opción de título en cada diapositiva, podrás localizar la diapositiva más rápidamente.
8. Utiliza las imágenes para animar la diapositiva. Una imagen por diapositiva es buena.
9. Ensaya y practica. Asegúrate de tener todas las diapositivas que se necesitan. Asegúrate de que tienes el tiempo adecuado y todas las palabras son correctas.
10. Verifica todas las diapositivas. Asegúrate de que todo esté correcto.

Comprobación 1, 2: Sesión 3
¿Puedes Escucharme?

El operador de la cabina de sonido es una parte vital de cada servicio de la iglesia. Esta persona se asegura de que el sonido no sea demasiado alto o demasiado bajo. Preparan los micrófonos, los instrumentos y las diapositivas de la presentación durante el servicio.

También pueden grabar el servicio para que las personas puedan obtener cintas o CDs de servicios que quieren oír de nuevo.

Equipo de Sonido

El operador de la cabina de sonido utiliza mezcladores de sonido para mezclar el sonido que llega a través de los micrófonos. Ayudan a mezclar las voces y los instrumentos musicales.

Los micrófonos cambian el ruido de la voz o instrumento en la electricidad. El tablero mezclador luego mezcla eso con los instrumentos antes de enviarlo a los altavoces.

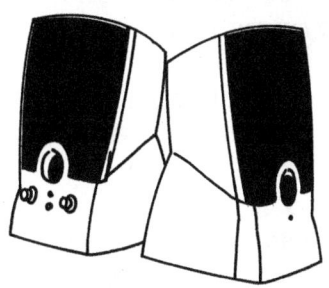

Los altavoces convierten el sonido eléctrico mixto en sonido audible. Los Tweeters ayudan a escuchar los ruidos muy altos. Los altavoces de gama media ayudan con el sonido que tiene un sonido promedio. Los Woofers y subwoofers ayudan a escuchar los sonidos realmente bajos. Los Woofers son lo que la gente pone en sus coches para hacer que el sonido del bajo sea tan fuerte.

No Pares

Para obtener más información sobre cómo manejar una cabina de sonido y sobre el equipo, visita tu cabina de sonido de la iglesia. Asegúrate de preguntar por amplificadores, cuerdas e instrumentos musicales.

¡ENVUÉLVELO!

1. ¿Cómo te sentiste después de tu proyecto de ministerio?
   _____

2. ¿Cómo puede Dios usar tu habilidad para la Tecnología en el futuro?
   _____

3. ¿Qué dice Proverbio 1:5 que te ayudaría hacer decisiones buenas?
   _____
   _____

DEPORTES DE ACCIÓN

VERSÍCULO BÍBLICO

"Sean, pues, imitadores de Dios, como hijos amados." (Efesios 5:1)

Es fácil mirar patinadores en línea con asombro. Parecen elevarse sin esfuerzo por el aire. Girando, girando, e incluso volteando con facilidad, estos atletas suben más alto mientras la multitud los anima. Recuerdo la primera vez que vi a un patinador sacar un 900 (que es tres rotaciones completas en el aire). Quería que fuera como mi héroe de patinaje.

A veces, te encuentras tratando de imitar a la gente debido a las cosas impresionantes que parecen hacer. Sin embargo, en la Biblia, Pablo insta a los efesios, así como a nosotros, a ser imitadores de Dios. ¡ESPERA UN MINUTO! ¿Imitar a Dios? ¿Cómo puedo averiguar cómo es Dios o cómo actúa? Descubrimos quién es Dios mirando a Jesús. Jesús dijo, "El que me ha visto, ha visto al Padre (Dios)" (Juan 14: 9). Como cristiano no estamos llamados a ser imitadores de atletas, estrellas de cine, o el chico "popular" en clase. No, ustedes están llamados a ser imitadores de Dios.

CARÁCTER

¿Qué Puedes Hacer Con Esta Habilidad?

Skateboarding y patinaje combinan una tonelada de diversión con gran ejercicio. Aprender los conceptos básicos de cada deporte te permitirá pasar a trucos y juegos más desafiantes.

Requisitos ✓ de Insignia

Elige cuatro de los cinco requisitos para completar la insignia de Deportes de Acción.

- ☐ Nombrar las cuatro partes básicas de una patineta.
- ☐ Enumerar los elementos de seguridad de la sección titulada Armadura de Calle.

- ☐ Maniobrar a través de la pista de obstáculos "Crashline" en una patineta o en un par de patines en línea.
- ☐ Recitar las reglas "**PATINA SEGURO**".
- ☐ Encontrar una manera de usar las habilidades de Deportes de Acción para ministrar a otra persona.

#1 Seguridad

- ■ **Mantente alerta:** ten siempre presente tu entorno.
- ■ **No patinar nunca** sin protección corporal. Ver Armadura de Calle para más detalles.
- ■ **Siempre** patinar sobre pavimento o superficies lisas.
- ■ **No patinar nunca** por el lodo o agua.
- ■ **Nunca** patinar en la calle o donde los coches viajan a menudo.

PALABRAS PARA SABER

Patines Agresivos: Patines diseñados para trucos. Son duros, duraderos, y están hechos de plástico duro. Estos patines especiales tienen ruedas pequeñas y una placa de moler. Su diseño ayuda a realizar acrobacias agresivas.

Patines recreativos: Patines diseñados para la recreación y el ejercicio. Se hacen sobre todo de plástico duro, tienen gran soporte de tobillo, ruedas más grandes, y están diseñados para la comodidad.

Patines Artísticos: Patines diseñados para patinaje artístico. El patín de arranque es similar a un patín de hielo, y las ruedas son más pequeñas para aumentar la maniobrabilidad.

Nariz: La parte redondeada del monopatín donde descansa el pie delantero.

Cola: La parte del monopatín donde descansa el pie trasero.

¡Comienza Lento! Sesión 1

¿Crees que ya has conquistado los fundamentos del patinaje en línea y el skate? ¡Piensa otra vez! Las cosas que has recogido en la calle pueden haberte mordido con el bicho de patinaje, pero hay mucho que saber sobre cómo patinar.

Rodar

Los patines en línea y patinetas vienen en todo tipo de formas y tamaños. Echa un vistazo a algunos de los diferentes patines y cómo se utiliza cada uno.

Patines Artísticos
Uso Primario: Patinaje artístico y danza artística

Patinaje Agresivo
Uso Primario: Trucos y trucos agresivos

Patines Recreativos
Uso primario: Ejercicio y ruta de conducción

Cubierta del Monopatín (7.5-8 pulgadas)
Uso primario: Paseo de la calle/trucos

Cubierta del Monopatín (8.0-8.38)
Uso primario: rampa Vert o parque de patinaje

Armadura de Calle

Casco   *Rodilleras*
Coderas   *Muñequeras*

PATINA SEGURO

1. Ten cuidado al patinar en áreas públicas.
2. Evita paradas repentinas. Se consciente de los que están patinando alrededor tuyo. No quieres sorprender a nadie.
3. ¡Mira hacia atrás! Cuando estés patinando con otros patinadores, ciclistas o corredores, echa un rápido vistazo cada 15-30 segundos.
4. Siempre cede el paso a los peatones o los que están caminando o corriendo.

5. Gira tus ruedas y revisa tu equipo.
6. Nunca patines en la noche.
7. Si tienes que pasar a otra persona, avisa "Pasando a la derecha o pasando a la izquierda".
8. Si te caes, intenta caer en la hierba o en algo suave.

Patinaje En Línea: Sesión 2
Practica Primero
La primera vez que te ates un par de patines en línea, considera caminar alrededor de una superficie de hierba o arena. Es una gran manera de averiguar cómo controlarás tu cuerpo. También te permite tener una idea de los patines. Si se supone que el patinaje se siente natural, ¡habrías nacido con ruedas en tus pies!

Calentar
Un breve estiramiento es siempre útil, pero comenzar lento es tan importante. Si nunca has patinado o no has patinado en un tiempo, toma un cierto tiempo para ajustarte a tus patines antes de ir colina abajo o de saltar escaleras.

Dobla Tus Rodillas
Cuando doblas las rodillas, baja tu centro de gravedad. Esto ayuda a aumentar tu estabilidad y equilibrio.

¡Choque!
La caída y el patinaje en línea son como calcetines y zapatos: siempre parecen ir juntos. Aprender a caer (y llevar equipo de protección) te mantendrá libre de manchas y lesiones. Sin embargo, nada está garantizado. Aquí hay algunos consejos para caer con estilo.

- Ten confianza en tu equipo de protección. Una vez que estés equipado con tus rodilleras y protectores de muñeca, considera la posibilidad de simular una caída al caer a las rodillas desde una posición de pie. Esto puede ser aterrador al principio, pero te dará la seguridad de que tus almohadillas te protegerán.
- Mantén tu peso hacia delante.
- Trata de no caer hacia atrás. Utiliza tus muñequeras y rodilleras para ayudar a romper tu caída.
- Intenta deslizarte sobre tus protectores de muñeca y rodilleras, en lugar de simplemente aterrizar sobre ellos.
- Evita caer manteniendo el control. Tienes que saber lo que puedes y lo que no puedes hacer. Ve más despacio.

¡Skateboarding! Sesión 3

No vas a convertirte en un skater impresionante en una hora. Sin embargo, las habilidades que aprendes en esta sesión te ayudarán a probar lo emocionante que puede ser el skateboarding.

Regular vs. Pateador

¿Eres zurdo? ¿Bateas con la derecha? ¿Pateas con el pie izquierdo? Estas preguntas están diseñadas para ayudarte a determinar si eres un patinador goofy o regular. Al igual que te sientes cómodo al escribir con tu mano dominante, puedes sentirte más cómodo de pie en una patineta de cierta manera. Esto es a lo que cada estilo se parece.

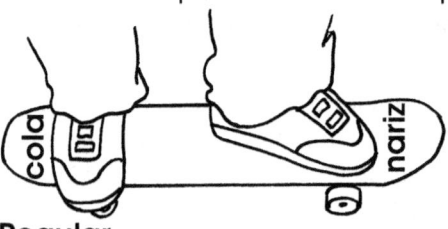   

Regular
(el pie izquierdo del jinete en frente)

Goofy
(el pie derecho del jinete en frente)

¡Crucero!

Comienza por pararte en la patineta. Si esta es tu primera vez, trata de hacer esto en la hierba. Muévete alrededor en el monopatín, y ve cómo se inclina y dobla. Luego, intenta bajar por una pendiente MUY LIGERA. Básicamente, quieres encontrar algún lugar que tiene apenas una cuesta para hacer que te muevas. Finalmente, encuentra una superficie plana e intenta empujar el suelo con tu pie trasero, y luego regresa el pie a la parte posterior de la patineta.

Trucos

NOTA: *Todos los trucos deben ser intentados en el césped antes de pasar al pavimento.*

Tic-tac

En el tic-tac, pones la presión en la cola de la patineta con la parte posterior de tu pie. A continuación, intenta mover la nariz del monopatín con el pie delantero.

Ola
1. Empuja algunas veces para comenzar a rodar.
2. Coloca tu pie trasero en la cola. Cuanto más atrás pongas tu pie, más alto serás capaz de hacer ola. (También tendrás menos control.)
3. Dobla las rodillas y empuja hacia abajo (con la mayor fuerza posible) con la planta del pie. Permite que la cola golpee el suelo. Al mismo tiempo, desliza el pie delantero hacia la parte delantera del tablero, y salta alto (tira de las rodillas hacia el pecho).
4. Tira de nuevo tu tablero. Mantén las rodillas dobladas para absorber el impacto.
5. Si tienes dificultad para hacer este truco, asegúrate de que estás saltando con ambos pies. Algunas personas se olvidan de poner el pie hacia atrás y pesan sobre su tabla.

¡ENVUÉLVELO!

1. ¿Qué aprendiste participando en un proyecto ministerial?

2. ¿Qué actividad deportiva te pareció más difícil?

3. ¿Qué actividad deportiva te gustó más?

4. ¿Qué nos dice Efesios 5:1 acerca de nuestras acciones?

5. ¿Cómo puedes usar las habilidades de Deportes de Acción para servir a Dios?

Fecha   Firma del Guía

MANUALIDADES

VERSÍCULO BÍBLICO

"Un hombre no puede hacer nada mejor que comer y beber y encontrar satisfacción en su trabajo. Esto también, yo veo, es de la mano de Dios." (Eclesiastés 2:24)

Dios es muy creativo. Él formó el mundo de la nada. Él nos ha dado la capacidad y el deseo de crear cosas nosotros mismos. La Palabra dice que debemos "tener satisfacción en nuestro trabajo". Usar nuestros dones y talentos de manera creativa trae gloria a Dios.

CARÁCTER

¿Qué Puedes Hacer Con Esta Habilidad?

Hay muchas maneras de ser creativo, y hay un número interminable de artes que puedes hacer. Los conceptos básicos son bastante simples: sigue las instrucciones, usa tu creatividad y diviértete. ¡Si sigues estos tres sencillos pasos, no habrá límite para lo que puedes crear!

Requisitos ✓ de Insignia

Elige cuatro de los cinco requisitos para completar la insignia de Manualidades.

- ☐ Completar al menos dos manualidades.
- ☐ Decir cómo la creatividad y las manualidades se pueden usar para servir a Dios y a otras personas.
- ☐ Dar una de las manualidades que hayas hecho a otra persona y usarla para compartir el evangelio.
- ☐ Contar brevemente el ABC de Salvación.
- ☐ Encontrar una manera de usar las habilidades de Manualidades para ministrar a alguien más.

- **Siempre** utilizar correctamente los materiales para la artesanía.
- **Siempre** escuchar las instrucciones.

Palabras Para Saber

Salvación: Lo que Dios hace para quitarnos los pecados y ayudarnos a tener una relación correcta con Él.

Pecado: Apartarse de Dios y escoger desobedecer lo que Él quiere que hagamos.

Pulsera Pendiente: Sesión 1

Pulsera de Poder

Vamos a crear una pulsera hoy que representa nuestra relación muy especial con Dios. Cada color de esta pulsera tiene un significado diferente e importante.

Haciendo la Pulsera de Poder

1. Dobla el cable por la mitad para ubicar el centro.
2. Encaja el cordón rojo y muévelo al centro de la cuerda.
3. Ata un nudo en cada extremo.
4. Encaja el cordón blanco a la izquierda del cordón rojo. Has un nudo.
5. Encaja el cordón azul oscuro a la izquierda del cordón blanco.
6. Has un nudo en el extremo.
7. Encaja el cordón verde a la derecha del cordón rojo.
8. Encaja el cordón amarillo a la derecha del cordón verde.
9. Has un nudo en el extremo.
10. Cuando todas las perlas estén en su lugar, ata los extremos de la cuerda a la longitud deseada para completar la pulsera.

El Significado de los Colores

1. **Azul Oscuro** representa nuestros corazones pecaminosos. (Romanos 3:23)
2. **Blanco** representa la pureza. Sólo alguien que nunca había pecado podía quitar nuestros pecados. (Romanos 5: 8)

3. **Rojo** representa el amor. Porque Jesús nos ama, murió por nuestros pecados. (Romanos 5: 8)
4. **Verde** representa el crecimiento. Podemos seguir creciendo como cristianos. (Filipenses 1: 6)
5. **Amarillo** representa el cielo. Algún día los cristianos estarán con Jesús en el cielo. (Juan 3:16)

Collar Cruz De Clavos: Sesión 2
Haciendo el Collar
1. Coloca clavos de cuatro pulgadas con clavos en los extremos opuestos.
2. Envuelve una pequeña cantidad de alambre alrededor de ambos extremos de los clavos, metiendo el extremo del alambre entre los clavos.
3. Repite para los clavos de dos pulgadas.
4. En el tercio superior de los clavos de dos pulgadas, usa el alambre restante y envuélvelo en una forma entrecruzada. Sujeta los clavos de cuatro pulgadas y los de dos pulgadas, formando una cruz. Antes de atar el alambre, has un pequeño lazo de alambre para correr el cordón a través.
5. Rueda la cuerda a través del lazo y ata el cordón en la longitud deseada para completar la pulsera.

El ABC de Salvación

_____ que has pecado (hecho mal, desobedecido a Dios). Dile a Dios lo que has hecho, arrepiéntete de ello y debes estar dispuesto a dejarlo. *Romanos 3:23, 1 Juan 1:9*

_____ de Dios, proclama a Jesús como tu Salvador. Di lo que Dios ha hecho por ti. Ama a Dios y sigue a Jesús. *Juan 1:12; Romanos 10:13*

_____ que Dios te ama y envió a su Hijo, Jesús, para salvarte de tus pecados. Pide y recibe el perdón que Dios te está ofreciendo. Ama a Dios y sigue a Jesús. *Juan 3:16.*

   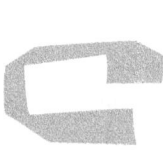

Noche De Pegote: Sesión 3

Gak
Necesitarás:

Solución A
- 2 tazas de pegamento blanco de la escuela
- ½ taza de agua tibia
- colorante alimenticio

Mezclar bien. Tinta la mezcla a la sombra deseada con colorante alimentario.

Solución B
- 1½ tazas de agua tibia
- 4 cucharaditas de aditivo de lavandería Borax

Disolver el Borax en agua. (No se disolverá completamente, pero rompe cualquier pequeño bultos.)

Para Hacer:
1. Vierte la Solución A en la Solución B. No mezcles.
2. Cuidadosamente escurre la mezcla fuera del tazón y amasa suavemente. Amasa cuidadosamente ya que habrá bolsas de solución de reacción que tienen tendencia a "dividirse". Amasar hasta que Gak ya no se sienta resbaladizo.

Pintura Facial
Nota: Esta receta hace un color. Has uno para cada color deseado. Notifica a los padres la semana anterior que los Scouts harán pintura facial.

Necesitarás:
- 1 cucharadita de almidón de maíz
- ½ cucharadita de agua
- ½ cucharadita de crema fría
- colorante alimentario de elección
- tazones de plástico / latas de muffins viejas
- cucharas de plástico

Para hacer:
1. Mezclar todos los ingredientes con cucharas de plástico.

Burbujas Brillantes

Necesitarás:
- 1 taza de detergente líquido para lavar platos
- 2 tazas de agua tibia
- ¾ cucharada de glicerina (se puede comprar en farmacias)
- 1 cucharadita de azúcar
- botellas de almacenamiento

Para Hacer:
1. Mezcla todos los ingredientes en un recipiente grande.
2. Utiliza un recipiente con una tapa ajustada o tapa para el almacenamiento.

Nota: Puedes utilizar casi cualquier cosa para soplar burbujas: alambres del chenille forman un círculo en un extremo, los sostenedores plásticos de bebidas, tazas de papel, suspensiones plásticas de capa, pajuelas, y embudos.

¡ENVUÉLVELO!

1. ¿Qué aprendiste de tu proyecto de ministerio?
   _____
   _____

2. ¿Cómo puedes decirle a otros acerca de Dios a través de cualquiera de las artesanías que has hecho?
   _____
   _____

3. ¿Cómo puedes usar las habilidades de Manualidades para servir a Dios en el futuro??
   _____
   _____

4. De acuerdo con Eclesiastés 2:24, ¿Cuál debe ser tu actitud acerca de tu trabajo?
   _____
   _____

Fecha   Firma del Guía

CICLISMO

VERSÍCULO BÍBLICO

"Hagan lo que hagan, trabajen de buena gana, como para el Señor y no como para nadie en este mundo." (Colosenses 3:23)

Imagina que estás montando tu bicicleta por un hermoso sendero. De repente, tu neumático trasero comienza a oscilar. Te tiras hacia el lado del sendero y descubres que tienes un neumático desinflado. Miras en tu bolsa de asiento, pero notas de que no tienes un kit de reparación. No estás preparado para esto.

Mientras que sirves a Dios, puedes tener algunas emergencias. Algo malo podría pasar, o puede que tengas que tomar una decisión muy importante. Estate preparado al pasar tiempo orando, leyendo la Biblia y aprendiendo a obedecer a Dios. Si estás preparado espiritualmente, estarás listo cuando lleguen los tiempos difíciles.

CARÁCTER

¿Qué Puedes Hacer Con Esta Habilidad?

Casi todo el mundo tiene o va a montar en bicicleta en algún momento de sus vidas. Muchas personas hacen del ciclismo un hobby. Carreras de BMX, Tour de Francia, o simplemente montar en los senderos son buenas maneras de participar en el ciclismo. También es una actividad muy saludable para disfrutar con tu familia.

Requisitos ✓ de Insignia

Elige cuatro de los cinco requisitos para completar la insignia de Ciclismo.

- ☐ Ser capaz de identificar los tipos básicos de bicicletas y el equipo necesario para el ciclismo.
- ☐ Ser capaz de cambiar / reparar un neumático desinflado.
- ☐ Realizar un control de bicicleta en una bicicleta.
- ☐ Ir en un paseo en bicicleta de al menos cinco millas.
- ☐ Encontrar una manera de usar las habilidades de ciclismo para ministrar a otra persona.

Seguridad #1

- **SIEMPRE** usa un casco.
- **Nunca** cargues la bicicleta
- **Nunca** te agarres a un vehículo en movimiento mientras estás en tu bicicleta
- **SIEMPRE** usa ropa de color claro y usa reflectores y luz si tienes que montar en bicicleta por la noche.
- **SIEMPRE** obedece las leyes de tránsito. Evita andar en la calle a menos que haya marcado carriles para bicicletas.
- **Nunca** montes una bicicleta demasiado grande para ti.
- **SIEMPRE** monta tu bicicleta en buen estado.

Física

PALABRAS PARA SABER

BMX: Motocross de bicicleta

Ciclista: Una persona que monta bicicleta como hobby.

Descarrilador: El dispositivo mecánico que cambia los engranajes en una bicicleta de camino o de montaña.

Eje: La unidad central de un neumático que le permite girar.

Tubo Interior: Un tubo de goma dentro de un neumático que contiene aire.

Remiendo: Un pedazo de goma usado para cubrir un agujero en el tubo interno de una bicicleta.

Borde: Un círculo metálico delgado que sostiene el tubo interior y el neumático en su lugar.

Rayo: varillas de metal fino que sujetan el borde al cubo del neumático.

Pisada: El caucho en el neumático que da la tensión a la bicicleta.

Palanca del Neumático: Una herramienta de metal o plástico que te permite levantar el neumático fuera de la llanta.

¡Nada Gana Una Bici! Sesión 1

Todo el mundo puede disfrutar del ciclismo. Ya sea paseando por su vecindario o en un viaje de larga distancia, el ciclismo es saludable y divertido.

Viajando con Estilo

Las bicicletas vienen en todas las formas y tamaños. La bicicleta que necesitas depende de qué tipo de vuelta vas a hacer.

Las bicicletas de BMX son bicicletas rugosas. Muchas personas las utilizan para competir en cursos de BMX o como transporte hacia y desde la escuela. Estas bicicletas están hechas para soportar desafíos enfrentados durante las carreras de bicicletas.

Las bicicletas de montaña son una forma muy popular de bicicleta. Estas bicicletas están hechas para soportar viajes en bicicleta en senderos arbolados y fuera de la carretera. Por lo general, tienen neumáticos grandes y nudosos que proporcionan tensión en la grava suelta y la suciedad.

Las bicis de camino, conocidas comúnmente como de 10-velocidades, se utilizan para las carreras de larga distancia y para viajar en bicicleta. Turismo en bicicleta es cuando un grupo de personas van en un largo viaje (varios días) en bicicleta. Estas bicicletas pueden tener hasta 21 marchas.

Las bicicletas Tándem están hechas para que dos personas puedan montar en la misma bicicleta. Éstas son grandes para que las personas puedan montar juntas. Ambos pilotos comparten la carga de tráfico, lo que facilita el paso de largas distancias.

Sólo lo Básico
1. **Bicicleta.** La pieza más importante del equipo, junto a tu casco, es tu bicicleta. Asegúrate de obtener una bicicleta que se adapte a ti correctamente. La mayoría de los almacenes de bicicletas te ayudarán a seleccionar la bicicleta correcta dependiendo de cómo utilizarás la bicicleta. Que el mecánico de la tienda haga ajustes para ayudar a que la bicicleta encaje.
2. **Casco.** NO montes en bicicleta sin usar casco. Los cascos protegen de lesiones en la cabeza durante un accidente. Hay muchos estilos y colores, pero asegúrate de elegir un casco aprobado.
3. **Guantes.** Si vas a estar montando distancias más largas o competir en una carrera de BMX, los guantes te protegerán contra ampollas.
4. **Herramientas.** Un pequeño kit de herramientas ayudará a solucionar problemas básicos. Asegúrate de tener una bomba de mano o bomba de cuadro en caso de que se desinfle un neumático. También ten un kit de reparación de neumáticos.
5. **Luces y reflectores.** Estos ayudarán a la gente a verte si estás montando en la noche. Nunca conduzcas tu bicicleta por la noche sin la supervisión de un adulto.
6. **Bloquear.** Una cerradura protegerá tu bicicleta cuando tengas que dejarla en alguna parte. Las cerraduras de bicicletas no garantizan que tu bicicleta nunca será robada, pero ayuda.

Señor O Señora Arréglalo: Sesión 2
Fijación Plana

Todos deben saber cómo arreglar un neumático plano de la bicicleta. Nunca se sabe cuándo tendrás que arreglar tu propio neumático. ¡Estos son algunos pasos para ayudarte a arreglar ese neumático plano en ningún momento plano!

- Retira la rueda de la bicicleta. Puedes necesitar una llave inglesa para esto. Cuidadosamente afloja los pernos y desliza el neumático de la bicicleta.
- Desliza una palanca de neumático entre la llanta y el neumático y levanta cuidadosamente el neumático sobre el borde de la llanta.
- Coloca una segunda palanca a pocos centímetros de distancia y levanta los bordes de los neumáticos en la parte superior. Utiliza la tercera palanca para levantar algunas pulgadas más allá de la segunda palanca. El resto del neumático debe zafarse fácilmente del borde.

- Elimina el tubo del neumático. Cuidadosamente sacude la válvula del agujero en el borde. No quites completamente el neumático de la llanta.
- Cuidado con algo afilado en el interior del neumático. Es posible que desees usar un par de guantes para protegerte de ser cortado. Si no encuentras nada, está bien; El objeto puede haber caído ya hacia fuera.
- Coloca el agujero en tu neumático bombeando aire en el tubo. Por donde se fuga el aire del tubo encontrarás fácilmente el agujero.
- Si usas un kit de parches, sigue la instrucción dada con el kit para reparar el agujero.
- Después de reparar el agujero, pon unas pocas bombas de aire en el tubo para asegurarte de que evitarás las fugas.
- Coloca el vástago de la válvula en el borde y coloca el tubo en el neumático.
- Cuidadosamente utiliza las palancas del neumático para levantar el neumático de nuevo sobre el borde. No pellizques el tubo.
- Infla el neumático a la presión recomendada, y disfruta del resto de tu recorrido.

Afuera Y Montando: Sesión 3

Revisión de Bicicletas
- Comprueba la presión de aire en ambos neumáticos.
- Asegúrate de que tus neumáticos no se tambaleen.
- Comprueba el perno del neumático. Asegúrate de que esté apretado, pero no lo aprietes demasiado.
- Comprueba los cables del freno. Asegúrate de que no estén desgastados, rotos o estirados.
- Asegúrate de que las pastillas de freno estén en buen contacto con las llantas de los neumáticos.
- Revisa el perno del manillar. Asegúrate de que giren libremente.
- Asegúrate de que todas las tuercas y pernos del accesorio estén firmemente sujetos.
- Si tienes varios engranajes, cerciórate de que la bicicleta transfiera los engranajes suavemente.
- Revisa tu asiento de bicicleta. Asegúrate de que esté apretado y de que esté bien alineado.

El Viaje Largo

Andar en bicicleta a largas distancias permite ver muchas cosas. Puedes dar un paseo en bicicleta alrededor de un lago, a través de los bosques, o a lo largo de un sendero de bicicleta. Asegúrate de planear con anticipación. Ten suficiente comida y agua para el viaje, y planea cosas especiales que hacer en el camino. Conecta una botella de agua y una jaula a tu marco de la bicicleta. La cosa más importante que necesitas para el paseo largo es un amigo o un miembro de la familia. El paseo será más agradable cuando tengas a alguien contigo.

1. ¿Cómo te sentiste después de tu proyecto de ministerio? _____
_____

2. ¿Cómo puede Dios usar tus habilidades de Ciclismo en el futuro?
_____
_____

3. ¿Qué nos dice Colosenses 3:23 acerca de nuestra actitud?
_____
_____

Fecha   Firma del Guía

PESCANDO

VERSÍCULO BÍBLICO

"Mientras Jesús caminaba junto al mar de Galilea, él llamó a Pedro y a su hermano Andrés,. Estaban echando una red en el lago, porque eran pescadores. 'Vengan, síganme', dijo Jesús, 'y los haré pescadores de hombres.'" (Mateo 4:18-19)

¿Realmente quería Jesús que los discípulos usaran una caña de pescar y gancho para atrapar a la gente? No, en realidad no. En lugar de atrapar peces, los discípulos ahora ayudarían a la gente a conocer a Dios. Estos discípulos se convertirían en los líderes de la Iglesia, y ayudarían a las personas a aceptar el perdón de Dios por sus pecados.

Tú también eres discípulo de Jesús. Tienes el privilegio de contar a otros acerca de Dios y ayudarlos a conocerlo mejor. Puedes ser un "pescador de hombres" siendo obediente a los mandamientos de Dios, invitando a tus amigos a la iglesia, y contando a otros acerca de Jesús.

CARÁCTER

Qué Puedes Hacer Con Esta Habilidad

La pesca es una gran actividad al aire libre. Gente de todas las edades disfruta de pesca. Puede proporcionar alimentos para que puedas comer o simplemente ser una actividad para ayudar a relajarte.

Requisitos ✓ de Insignia

Elige cuatro de los cinco requisitos a continuación para completar la insignia de Pescando.

- ☐ Ser capaz de explicar las reglas de seguridad para la pesca.
- ☐ Conocer el equipo básico necesario para la pesca.
- ☐ Aprender a usar una caña de pescar y un carrete para lanzar.
- ☐ Ir de pesca. Cebar un gancho y aprender a eliminar un pez del gancho.
- ☐ Seguir todas las reglas de seguridad.
- ☐ Utilizar tus nuevas habilidades de pesca para ministrar a alguien más.

#1 seguridad

- **Nunca** vayas a pescar solo.
- **Siempre** usa un chaleco salvavidas. Esto te ayudará a flotar
- **Siempre** mira a tu alrededor antes de lanzar. Asegúrate de que nadie esté detrás de ti.
- **Siempre** ten cuidado al manipular ganchos.
- **Siempre** obedecer las reglas de pesca de tu área.

Física

PALABRAS PARA SABER

Pescador: Una persona que hace de la pesca un hobby normal.

Cebo: Algo para atraer a los peces a morder el gancho. El cebo natural incluye: pececillos, gusanos o saltamontes. Los cebos artificiales se llaman señuelos.

Barra: Un dispositivo de plástico o espuma que flota en la superficie del agua. Sostiene el cebo en el lugar correcto.

Pesca con mosca: Utilizando una "mosca" o señuelo que se parece a un insecto que flota en la superficie del agua. El pescador arroja el cebo agitando la varilla hacia adelante y hacia atrás.

Señuelo: cebo hecho a mano utilizado para imitar cebo real.

Bobina: Un dispositivo que se une al extremo de una barra y recupera la línea de pesca.

Varilla: Un poste largo hecho de bambú, fibra de vidrio, grafito, o metal.

Pesa: Un pedazo de metal usado para pesar la línea de pesca para que se hunda.

Trastos: Equipos utilizados para la pesca: postes, líneas, señuelos, plomos y flotadores.

Conseguir El Pescador Correcto: Sesión 1

La pesca es una gran manera de pasar una tarde. Cualquiera puede pescar. Todo lo que necesitas son unos suministros básicos para empezar. Puedes pescar en un río, un estanque, un lago, o un océano. Algunas áreas tienen estanques especiales de pesca con peces.

¡Algo de Pescado!

Hay muchos tipos de peces alrededor del mundo. Éstos son algunos de los peces de agua dulce más comunes que puedes atrapar.

Los Pepinillos son uno de los peces de agua dulce más comunes. Son fáciles de atrapar, y por lo general hay un montón de ellos alrededor. Estos pescados usualmente están el al superficie.

La Lubina también es muy común. Les gustan las áreas poco profundas y árboles, tocones, y piedras como resguardo. Les gustan los señuelos y gusanos frescos.

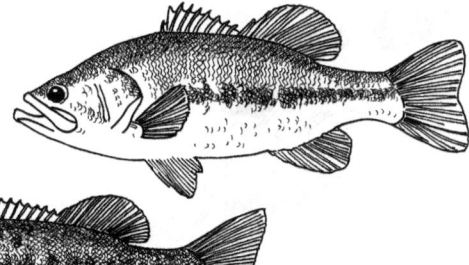

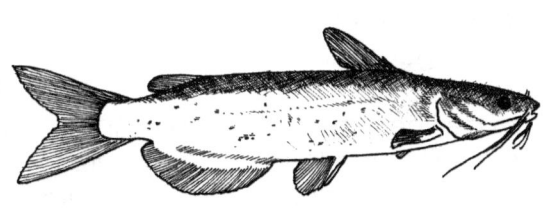

El Siluro suele tener un agua más profunda. Ellos nadan a lo largo del fondo del lago o estanque. Muchos pescadores utilizan la masa de pan o cebo especial de bagre para atraparlos.

La Trucha se encuentra en lagos de agua dulce y arroyos. A muchos pescadores les gusta la carnada de mosca, para atraparlos.

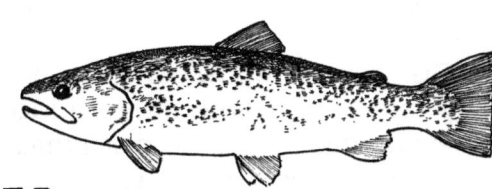

¿Qué Necesito?
1. **Caña de Pesca.** Una caña de pescar está hecha de bambú, fibra de vidrio, grafito, o metal. Las cañas de pescar vienen en varias longitudes y grados de flexibilidad. La flexibilidad es cuánto se doblarán sin romperse.
2. **Carretes.** Los carretes mantienen la línea de pesca en la caña y permiten al pescador recuperar la línea. Hay cuatro tipos principales de carretes: Carrete giratorio, Bobina de fundición, Bobina de cebado y Carrete de mosca.

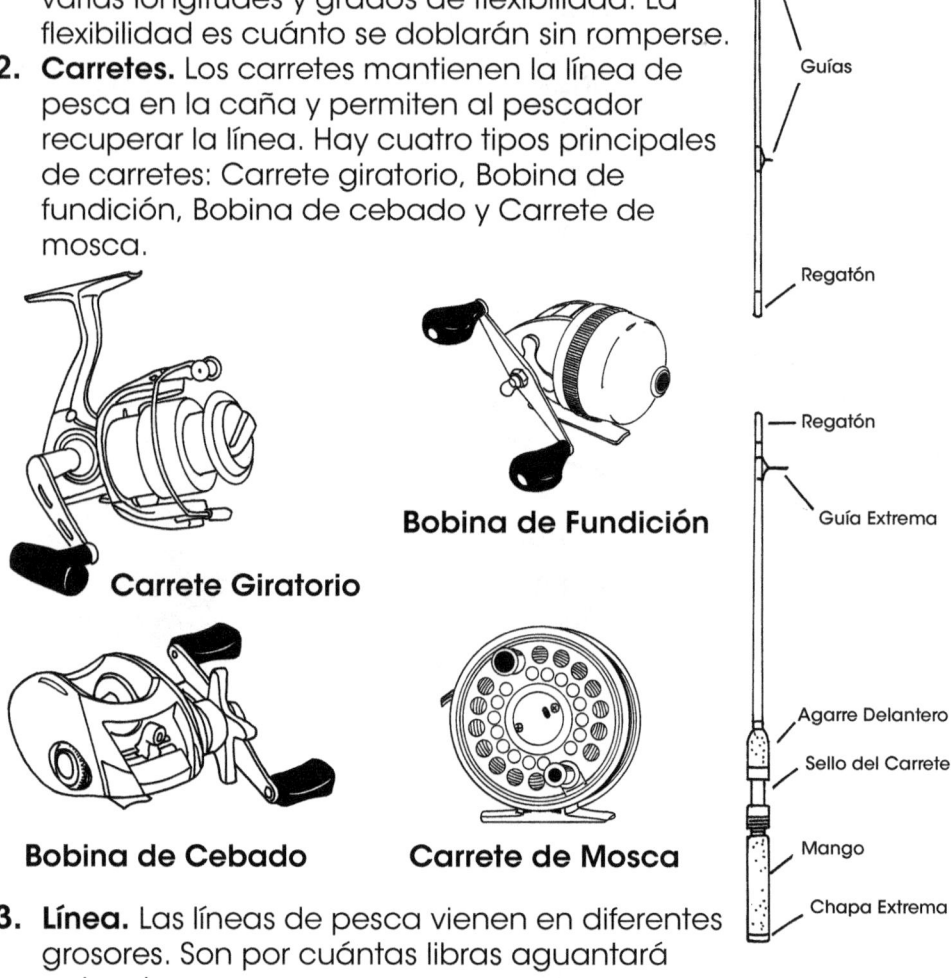

3. **Línea.** Las líneas de pesca vienen en diferentes grosores. Son por cuántas libras aguantará antes de romperse.
4. **Líderes.** Un líder es un pedazo de línea que conecta el final de la línea con el gancho. Esto evita que la línea se retuerza cuando el gancho gira en el agua. También se pueden utilizar eslabones giratorios.
5. **Flotadores.** Sostienen el cebo para que no se hunda en el fondo.
6. **Ganchos y señuelos.** Un gancho está hecho de alambre y tiene un extremo muy agudo. Coloca el cebo vivo en el extremo del gancho para atraer el pescado. Un señuelo es artificial, cebo artificial.

Como Un Señuelo: Sesión 2

Usando el Señuelo Correcto

Los peces se sienten atraídos por los cebos vivos porque parecen alimentos que normalmente comen. El cebo vivo pueden ser pequeños gusanos, grillos, larvas, y saltamontes.

A veces querrás utilizar cebo artificial conocido como señuelo. Éstos son algunos de los señuelos comunes que puedes usar:

1. **Moscas.** Una mosca es un gancho con pedazos de pelo, plumas y pelo atado a él. Parece un mosquito u otro insecto volador. Las moscas húmedas se hunden en el agua, y las moscas secas flotan en la superficie.

2. **Cucharillas.** Una cucharilla es una hoja de metal unida a un gancho. La hoja gira mientras se tira al agua

3. **Cucharadas.** Se trata de grandes piezas de metal que tienen la forma de una cuchara. Se retuercen y giran a medida que se tiran al agua. La superficie brillante atrae a los peces.

4. **Cebo Plástico.** A veces los señuelos se ven como un verdadero pez con ganchos colgando de ellos. Éstos se utilizan comúnmente para atraer peces más grandes.

5. **Gusanillos.** Estos son pequeños gusanos de goma. Sus colas se retuercen al ser arrastradas por el agua. También pueden tener plumas o pieles atadas a ellos.

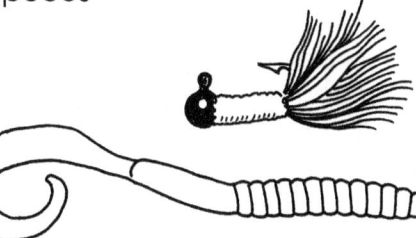

Cómo Sacar Un Pescado: Sesión 3

Cómo Lanzar

Practicar el lanzamiento ayuda. Esta es a menudo la parte más difícil de aprender a pescar. Incluso puedes practicar en un campo grande. Quita el gancho de su línea. Ata un peso de una onza hasta el final de tu línea de pesca, y echa fuera. El peso te ayudará a aprender a lanzar mejor. Utiliza estos pasos siguientes para ayudar a que lances con un carrete de fundición:

1. Sujeta la barra con una mano. Presiona el botón del pulgar y mantenlo presionado.
2. Enfréntate a tu objetivo. Apunta la vara al blanco y eleva la punta hasta que esté al nivel del ojo.
3. Rápida y suavemente dobla tu codo. Levanta tu brazo hasta que tu mano esté al nivel de los ojos al lado de tu cabeza. Rápidamente mueve el brazo hacia delante.
4. Lanza el cebo adelante, y libera tu pulgar del botón del carrete.
5. Una vez que el cebo está en el agua, gira el mango del carrete hasta que escuches un clic.

Nota: Si tu cebo aterrizó cerca de ti soltaste el botón demasiado tarde. Si salió hacia arriba, soltaste el botón demasiado pronto.

Encontrar al Pez

Las Camas de Hierba: A los peces les gusta esconderse en las hierbas. ¡Ten cuidado, perderás tu gancho si no tienes cuidado!

Bosques y Rocas: Las algas viscosas que crecen en rocas y árboles hundidos atraen a los pequeños. Estos pequeños son una gran comida para los peces más grandes.

Boca de Río: Aquí es donde un río o arroyo entra en un lago o estanque. Los pescados esperan aquí la comida para entrar en el lago de la corriente.

Acantilado: Este es un acantilado submarino. Tienes que saber dónde están estos o utilizar un buscador de profundidad para localizarlos.

1. ¿Cómo te sentiste después de tu proyecto ministerial?
   _____

2. ¿Cómo puede Dios usar tus habilidades de pesca en el futuro?
   _____

3. Sabemos que Dios nos llama a hablar a otros acerca de Él. ¿Cómo le has contado a alguien acerca de Dios últimamente?
   _____

_____   _____
     Fecha   Firma del Guía

DEPORTES ACUÁTICOS

VERSÍCULO BÍBLICO

"Cual ciervo jadeante en busca de agua, así te busca, oh Dios, todo mi ser. Tengo sed de Dios, del Dios de la vida. ¿Cuándo podré presentarme ante Dios?" (Salmo 42:1-2)

En la naturaleza, a veces los animales tienen que viajar una distancia para encontrar agua. Dado que el agua es esencial para la vida, se vuelve muy importante para las personas y los animales. En este versículo, el escritor del salmo compara nuestra necesidad de Dios con la necesidad que tiene un ciervo sediento de agua. Nuestra necesidad de Dios debe ser lo más importante en nuestras vidas.

CARÁCTER

Física

¿Qué Puedes Hacer Con Esta Habilidad?

Los deportes acuáticos son una buena manera de relajarse y divertirse. Puedes aprender un deporte y hacer lo mejor en él. También aprenderás a estar seguro en el agua.

Requisitos ✓ de Insignia

Elige cuatro de los cinco requisitos para completar la insignia de Deportes Acuáticos.

- ☐ Aprender sobre las destrezas relacionadas con la seguridad del agua.
- ☐ Aprender un deporte acuático.
- ☐ Aprender a enseñar golpes básicos de supervivencia para nadar. Aprender los fundamentos de la natación si no es nadador.
- ☐ Identificar y saber cómo usar equipos de deportes acuáticos.
- ☐ Consultar una manera en que puedes usar los deportes acuáticos para ministrar a otra persona.

Permanecer Seguro: Sesión 1

Al completar esta insignia, pasarás mucho tiempo en el agua. Necesitas saber cómo estar seguro en el océano, un lago, río o piscina.

Así es como te mantienes a salvo...

... en la playa / lago / río
- Aprender a nadar.
- ¡Nunca nadar solo!
- Siempre obedecer al salvavidas / instructor.
- ¡No te desgastes! Nada solo hasta donde puedas nadar.
- Deja solos plantas y animales. Podrían ser venenosos.
- Quédate donde el socorrista u otro guía para adultos pueda verte. Esta persona puede ayudarte si algo sale mal.

... en la piscina
- Aprender a nadar.
- ¡Nunca nadar solo!
- Siempre obedecer al salvavidas / instructor.
- Sal y descansa cuando estés cansado.
- No corras. Podrías resbalar y caer.
- Quédate donde el socorrista u otra guía para adultos pueda verte. Esta persona puede ayudarte si algo sale mal.

... en el barco
- Usa tu chaleco salvavidas / chaleco de flotabilidad.
- Mantente sentado en el barco hasta que se detenga.
- Siempre escuchar al guía / instructor adulto.

¿Qué Pasa Si Algo Va Mal?

Puedes caerte de los esquís o cansarte en el agua. Puede que tengas que esperar a que el barco regrese a ti. Esto es lo que debes hacer si te encuentras en aguas profundas.

1. No tengas miedo. Aférrate a tu chaleco salvavidas / chaleco de flotabilidad. Patea un poco los pies para mantener la cabeza y los hombros por encima del agua.
2. Si no estás usando un chaleco, prueba estas cosas para ayudarte a mantenerte a flote. Estas son maneras de ayudarte a descansar sin hundirte.

Flote de Supervivencia

- Toma una respiración profunda. Espera.
- Tiéndete boca abajo en el agua. Extiende tus brazos y piernas como una estrella. Puntea los dedos de los pies.
- Relájate y deja que tu cuerpo flote.
- Cuando necesites una respiración, sopla el aire viejo a través de tu nariz. Gira la cabeza para que tu oído esté en el agua. Toma un respiro.
- Continua haciendo esto hasta que llegue la ayuda.

Pisando Agua

- Moverse en una posición vertical en el agua. Puedes patear y mover los brazos para hacer esto.
- Hacer semicírculos anchos con los brazos. Imagina que estás moviendo los brazos sobre una mesa.
- Has formas anchas con tus piernas. Imagina que estás dando pasos gigantes.
- Tratas de patear a un lado, como una rana. Si te gusta esto mejor, patea de esta manera.
- Mantén las patadas y los movimientos de los brazos hasta que la cabeza y los hombros estén por encima del agua.

Espalda Elemental

- Flota en tu espalda.
- Lentamente, lleva tus brazos cerca de tu pecho. Dobla tus rodillas. Imagina que estás sentado en una silla.
- Mueve tus brazos hacia fuera y hacia abajo hacia tu cuerpo. Al mismo tiempo, patea los pies fuera de las rodillas. Tu cuerpo hará una forma de estrella.
- Terminar enderezando los brazos y las piernas como un soldado en la atención. Te deslizarás a través del agua un poco.
- Mantén estas tres cosas en orden. Para recordarlas, di estas palabras: "¡Silla, estrella, soldado!"

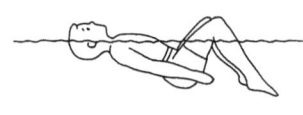
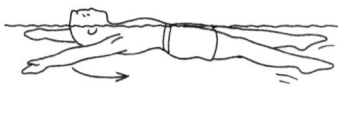

Recuerda, los salvavidas saben lo que están haciendo. Cuidan de tu seguridad. Si obedeces al socorrista, puedes evitar la mayoría de los problemas.

Dios es como un salvavidas. Él se preocupa por nosotros, y Él sabe lo que está haciendo. Si confías en Dios y le obedeces, te mantendrás alejado de la angustia.

Prepararse: Sesión 2

El equipo que uses para cada deporte acuático será diferente. Éstos son algunos de los tipos más comunes de equipos de deportes acuáticos.

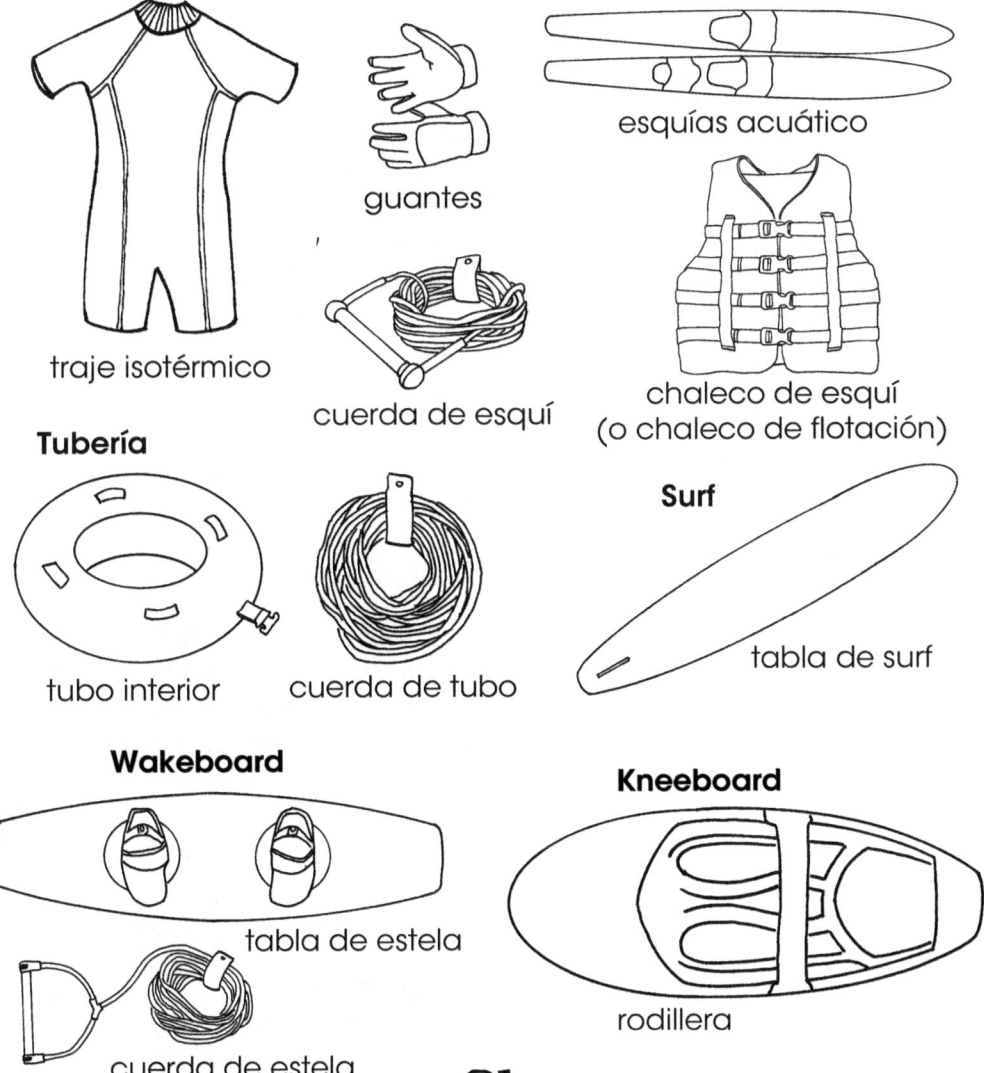

Esquí Acuático
- traje isotérmico
- guantes
- esquías acuático
- cuerda de esquí
- chaleco de esquí (o chaleco de flotación)

Tubería
- tubo interior
- cuerda de tubo

Surf
- tabla de surf

Wakeboard
- tabla de estela
- cuerda de estela

Kneeboard
- rodillera

¡Ir A Jugar! Sesión 3

Sigue leyendo para aprender un poco sobre los deportes acuáticos más populares. Escucha atentamente a tu instructor mientras aprendes estos deportes. ¡Puedes ser herido seriamente si no lo haces!

Esquí acuático: Un barco te arrastra mientras te deslizas por el agua. Llevas un par especial de esquís. Puedes hacer trucos en los esquís acuáticos.

Tabla de Estela: Una estela es un tablero chico. Ata los pies a la tabla. Un barco te arrastra mientras estás de pie. Montas el tablero encima de la estela del barco, o las ondas que deja detrás. Puedes saltar a lo largo de las copas de las olas.

Surf: No necesitas un barco para surfear. Nadas con una tabla de surf larga. Luego, montas las olas de vuelta a la orilla.

Rodillera: Es como la tabla de estela, pero lo haces de rodillas. Utilizas un tablero corto especial. Un barco te lleva adelante.

Tubería: Estás montando un tubo interno mientras un barco te tira a través del agua. Puedes colocar más de una persona en un tubo interno.

¿Qué deporte acuático probaste? _____

¿Te ha parecido fácil confiar en tu salvavidas/instructor? Por qué?
_____
_____

Dios quiere que confiemos en Él siempre. Podemos relajarnos porque Dios sabe lo que está haciendo. Cuando nos sentimos preocupados, podemos confiar en Dios. Él sabe cómo ayudarnos.

¡ENVUÉLVELO!

1. ¿Cómo te sentiste después de completar tu proyecto de ministerio?
   _____
   _____

2. ¿Qué es lo que más te gusta de los deportes acuáticos? ¿Que es lo que te disgusta?
   _____
   _____

3. ¿Cómo puedes usar las destrezas de los deportes acuáticos para servir a Dios?
   _____
   _____

4. ¿Qué dice el Salmo 42: 1-2 acerca de nuestra relación con Dios?
   _____
   _____

_____   _____
       Fecha   Firma del Guía

LECTURA DE LA BIBLIA

VERSÍCULO BÍBLICO

"Tu palabra es una lámpara a mis pies y una luz para mi camino." (Salmo 119:105)

Dios nos ha proporcionado la Biblia para que podamos conocerlo mejor. Cuando leemos la Biblia, aprendemos acerca de Dios, y cómo podemos vivir nuestras vidas para complacerlo. La lectura de la Biblia puede ayudarte a crecer en tu vida Cristiana.

MISIONES

¿Qué Puedes Hacer Con Esta Habilidad?

La lectura de la Biblia es importante para la vida Cristiana. Cuando lees tu Biblia regularmente, aprendes a buscar respuestas a las preguntas que tienes acerca de Dios y puedes decirle a otras personas acerca de Jesús.

Espiritual

Requisitos ✓ de Insignia

Elige cuatro de los cinco requisitos para completar la insignia de Lectura Bíblica.

- ☐ Explicar cuáles son las secciones de narrativa y poesía de la Biblia y dar tres ejemplos de cada una.
- ☐ Explicar cuál es la sección de los Evangelios de la Biblia y decir el propósito de los Evangelios.
- ☐ Leer tres pasajes de la Biblia y responder preguntas sobre los pasajes.
- ☐ Leer la Biblia todos los días durante una semana.
- ☐ Encontrar una manera de usar las habilidades de Lectura Bíblica para ministrar a alguien más.

Palabras Para Saber

Evangelios: Los primeros cuatro libros del Nuevo Testamento se llaman Evangelios. "Evangelio" significa "buenas nuevas". La "buena noticia" es acerca de la vida, muerte y resurrección de Jesús.

Poesía: Pasajes de la Escritura que están en la forma de un poema. El Libro de los Salmos es una colección de poemas que a menudo se cantaban. Otros libros tienen poesía en ellos.

Narrativa: Pasajes de la Escritura que cuentan la historia de una persona, una situación particular o un grupo de personas.

Pasaje: Un grupo de versículos

Narrativa: Sesión 1
Daniel 3:1-30

Túnel del Tiempo

Tiempo: El pueblo de Dios, los israelitas fueron llevados de su tierra natal a Babilonia, un país vecino que estaba en guerra con ellos. Gran parte de su tierra natal fue destruida, incluyendo el Templo donde habían adorado. El templo representaba el centro de la vida judía. El rey de Babilonia tomó a jóvenes de familias importantes y los puso a su servicio. Tres amigos, Sadrac, Mesac y Abed-nego estaban entre ese grupo. Estaban lejos de sus familias. No podían hacer lo que querían. Vivían en un lugar que era diferente de su patria.

Fundamentos Bíblicos
Daniel 3:1-30
(Libro de la Biblia) (Capítulo) (Versos para leer)

> **¿Sabías?**
>
> El Espíritu de Dios inspiró a la gente a escribir la Biblia. Hay 66 libros de la Biblia, 39 en el Antiguo Testamento y 27 en el Nuevo Testamento. ¿En qué testamento está Daniel?
>
> _____

¡Actuando!—Drama
　　Rellena esta sección mientras trabajas en tu actividad.
1. Lectura del pasaje bíblico.
2. Actividad en que participaré.
3. Suministros necesarios.
4. ¿Cómo me ayudó esta actividad a entender el pasaje de la Biblia que leí?

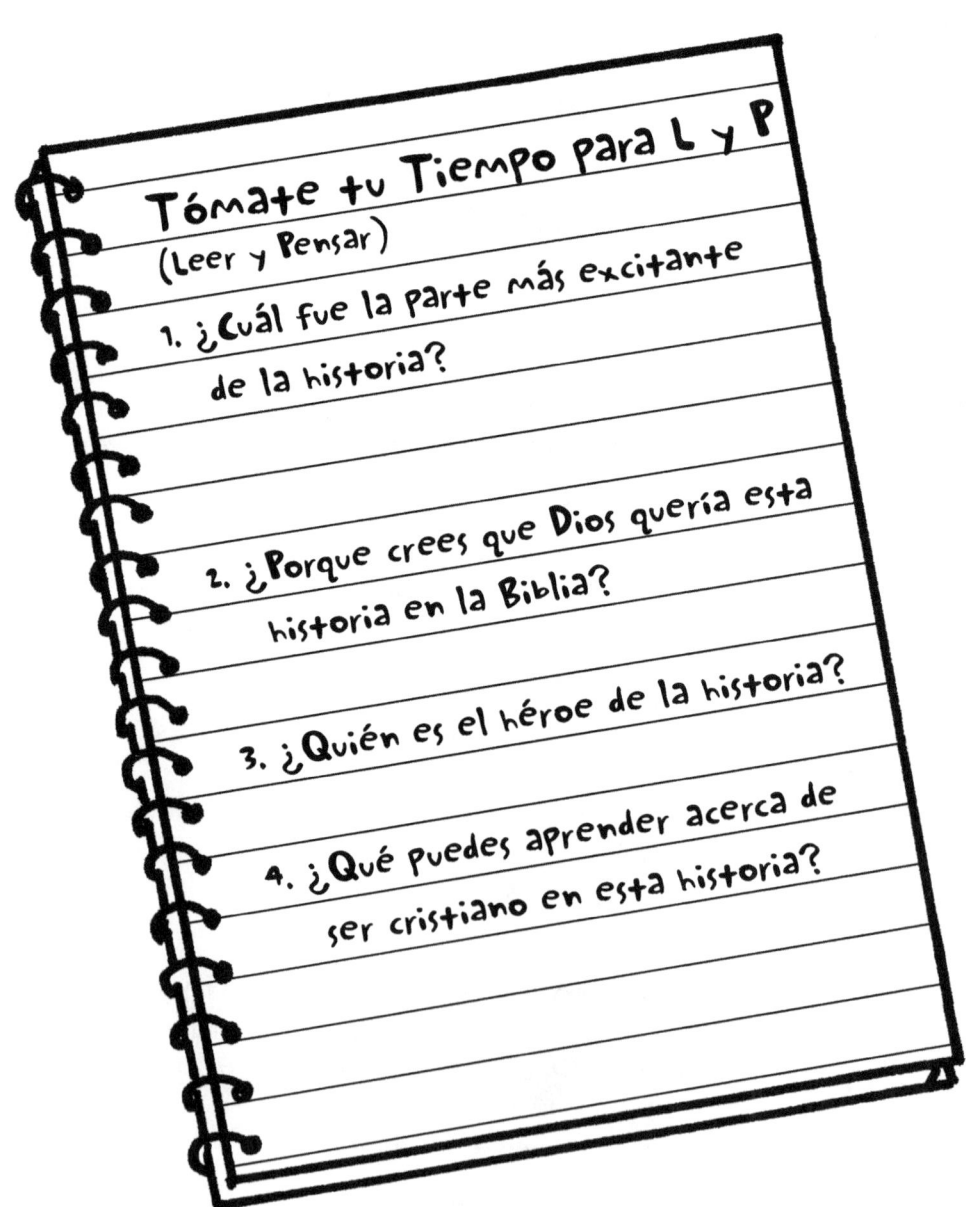

Tómate tu Tiempo para L y P
(Leer y Pensar)
1. ¿Cuál fue la parte más excitante de la historia?
2. ¿Porque crees que Dios quería esta historia en la Biblia?
3. ¿Quién es el héroe de la historia?
4. ¿Qué puedes aprender acerca de ser cristiano en esta historia?

Poesía: Sesión 2

Salmo 1

Túnel del Tiempo

Tiempo: El pueblo de Dios, los israelitas amaban la música, la poesía y las canciones. La mayoría de la gente contó historias en vez de leerlas. El rey David fue uno de los reyes más famosos de Israel. Él escribió canciones y poesía (llamados salmos) y tocó un instrumento llamado lira (como un arpa). La gente tenía tiempo para hacerlo porque no había televisión, radio, películas o videojuegos. David escribió algunos de los salmos. Ellos hablan de su vida y dan alabanzas a Dios. El Salmo 1 dice la diferencia entre una persona que ama y obedece a Dios y una persona que no obedece a Dios.

Fundamentos Bíblicos

Encierra en un círculo la respuesta correcta.
Salmo 1
Antiguo Testamento/Nuevo Testamento   Capítulo/Versículo

¿Sabías?

Los escribas eran personas que hacían copias escritas a mano de la Escritura. Ellos tomaron especial cuidado para asegurarse de que copiaban las palabras correctamente.

¡Actuando!—Poesía

Rellena esta sección mientras trabajas en tu actividad.

1. Lectura del pasaje bíblico.
2. Actividad en que participaré.
3. Suministros necesarios.
4. ¿Cómo me ayudó esta actividad a entender el pasaje de la Biblia que leí?

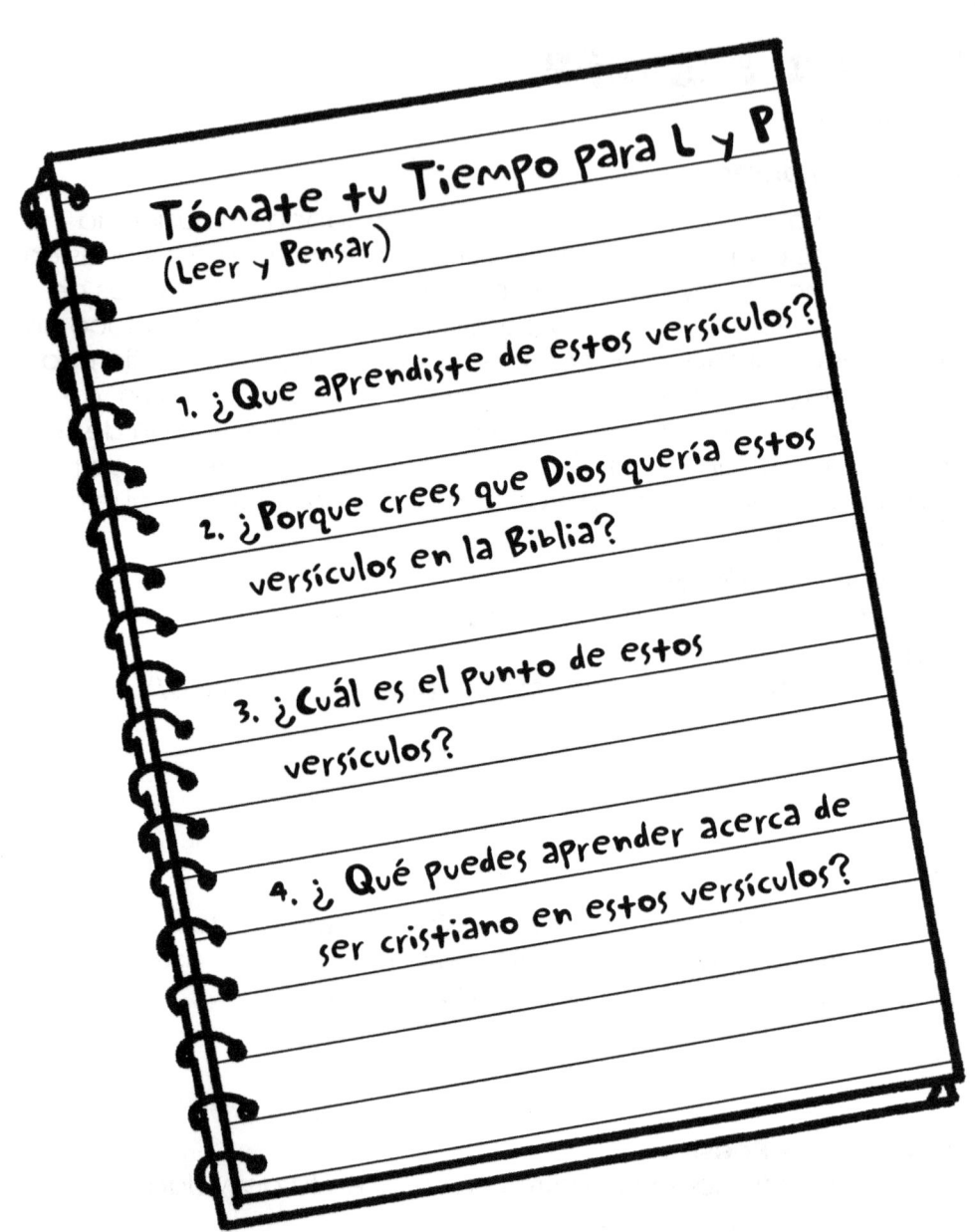

Los Evangelios: Sesión 3
Mateo 6:19-34
Túnel del Tiempo
Tiempo: Jesús viajó a muchos lugares, y algunas personas lo siguieron. Un día una gran multitud se reunió alrededor de Jesús para escuchar lo que iba a decir y ver lo que haría. Jesús se sentó en una colina y comenzó a enseñar.

Fundamentos Bíblicos
Encierra en un círculo la respuesta correcta o completa el espacio en blanco.

Mateo 6:19-34

(Antiguo/Nuevo Testamento)   (_____)   (Versículos para leer)

¿Sabías?
Hay nueve tipos de escritura en la Biblia: Ley, Historia, Poesía, Profetas Mayores, Profetas Menores, Evangelios, Cartas y Profecías.

¡Actuando! - Escritura Creativa
Completa esta sección mientras trabajas en la actividad. En el lado izquierdo escribe la pregunta que será enviada a la columna de consejos. En el lado derecho, escribe tu consejo.
1. Pasaje de las Escrituras
2. Nombre de la columna
3. Consejos

Querido: _____

Atentamente, _____

Querido: _____

Atentamente, _____

¡ENVUÉLVELO!

1. ¿Qué aprendiste a través del proyecto ministerial?
   _____
   _____

2. ¿Cuáles son algunas de las maneras en que puedes usar las destrezas de Lectura Bíblica para ayudarte en el futuro?
   _____
   _____

3. ¿Qué has aprendido de estos pasajes bíblicos que te ayudará a ser un mejor Cristiano?
   _____
   _____
   _____
   _____

_____   _____
Fecha   Firma del Guía

MINISTERIOS INFANTILES

VERSÍCULO BÍBLICO

"… pero todo el que haya completado su aprendizaje, a lo sumo llega al nivel de su maestro" (Lucas 6:40b).

¡Los Ministerios Infantiles son muy divertidos! Tienes guías maravillosos que te enseñan sobre Dios y estas habilidades prácticas. Dios quiere que cada persona oiga las buenas nuevas acerca de Jesús. Aprender diferentes habilidades como títeres, drama, etc., son algunas maneras de decirles a los niños acerca de Jesús. Puedes experimentar diferentes métodos de ministerio. Puedes encontrar que tienes una habilidad especial en una de estas áreas y quieres aprender más. Si es así, avisa a tus guías. Pueden ayudarte a aprender más sobre esa habilidad.

MISIONES

¿Qué Puedes Hacer Con Esta Habilidad?

Aprender a ministrar a otros niños a través de títeres, drama etc., te ayudará a servir en tu iglesia local. Y puedes ser invitado a usar tu habilidad para ayudar con un proyecto de ministerio en la iglesia, en tu comunidad o en un viaje de misión.

Requisitos ✓ de Insignia

Elige cuatro de los cinco requisitos siguientes para completar la insignia de los Ministerios Infantiles.

- ☐ Compartir el evangelio a través de una presentación títere.
- ☐ Compartir el evangelio a través de una actividad dramática.
- ☐ Compartir el evangelio a través de una presentación del ministerio de palos.
- ☐ Decir por qué es importante compartir el evangelio con los niños.
- ☐ Encontrar una manera de usar las habilidades de insignia de Ministerios Infantiles para servir a otra persona.

#1 seguridad

- **SieMPRE** manejar con cuidado cualquier objeto o material que se use con el ministerio de títeres, drama o palos.
- **SieMPRE** escuchar atentamente las instrucciones.

Palabras Para Saber

Palos de Ministerio: Es un método que utiliza palos de madera para mejorar una canción. Los palos pueden indicar pistas rítmicas o visuales para la canción.

Ministerio de Marioneta: Sesión 1

¡Las marionetas son muy divertidas! Puede usar marionetas para servir al Señor de muchas maneras. En esta sesión, vas a practicar y actuar con títeres.

Marioneta Rápida y Fácil

1. Toma un calcetín y ponlo en la mano con los dedos de los pies en la punta de los dedos.
2. Toma la goma y envuélvela alrededor de cuatro dedos donde tus dedos se encuentran con tu mano. Deja el pulgar libre.
3. ¿Tienes tiempo extra? Añade ojos, nariz y boca.

Espiritual

Tres partes de un juego de marionetas

Empareja las palabras con el significado.

1. Introducción • • Un problema que el personaje debe resolver
2. Conflicto • • Conocer a los personajes y conocer el problema
3. Conclusión • • Fin de la historia con el problema resuelto

¿Qué problema resolverán los títeres?
_____
_____
_____

¿Qué personaje vas a jugar?
_____
_____

Las Marionetas como Ministerio

Responde estas preguntas:

1. ¿Cuál fue la mejor parte de aprender a usar títeres?
   _____

2. ¿Cómo puedes usar títeres para contarle a la gente acerca de Jesús?
   _____

3. ¿Cómo puedes aprender más sobre un ministerio de títeres?
   _____

Ministerio De Drama: Sesión 2

¿Alguna vez has soñado con estar en el escenario? Los bocetos o sketches, son una gran manera de contar una historia. Puedes usar un boceto para contarle a la gente acerca de Jesús. ¿Qué boceto vas a realizar? Aquí hay algunas sugerencias para ayudarte a actuar en un bosquejo:

1. Haz tus acciones específicas. Cuando estás actuando, piensa en cómo una persona realmente realiza una acción en particular. Por ejemplo, piensa en los pasos para lavar los platos en casa.

2. Haz que tu voz sea escuchada. No tengas miedo de hablar en voz alta mientras realizas tu sketch. Si no hablas fuerte, la gente que está sentada en la parte de atrás de la habitación no te escuchará.

3. ¡Trabajen juntos! Todos los artistas intérpretes o ejecutantes deben estar alertas, prestar atención y mantenerse al día con el resto del grupo para que el sketch se desarrolle sin problemas. A veces hay que encubrir a alguien que olvida una línea.

¿Qué parte vas a jugar?

Escribe tus líneas aquí.

_____
_____
_____

Bocetos como Ministerio
Responde estas preguntas:

1. ¿Cómo se pueden usar las habilidades dramáticas como un ministerio?
_____

2. ¿Qué te gustó de estar en un bosquejo?
_____

3. ¿Cómo puedes aprender más sobre el ministerio de teatro?
_____

Ministerio De Palos: Sesión 3

Un ministerio de palos es una gran manera de contar una historia a través de música y palos. El ministerio de los palos se puede realizar como un grupo, y es muy divertido.

Actuando con Palos

¿Cómo se utilizan los palos en una actuación?
1. El palo es una extensión de tu brazo. Mantén los brazos rectos al sujetar.
2. Ten las piernas separadas por los hombros con espacio suficiente para que los Scouts no se golpeen mientras se realizan.
3. Mantén los palos en o por encima del nivel del tobillo. Nunca dejes que toquen el suelo.
4. Mira directamente hacia adelante. El foco está en los movimientos del palo, no en las expresiones faciales.

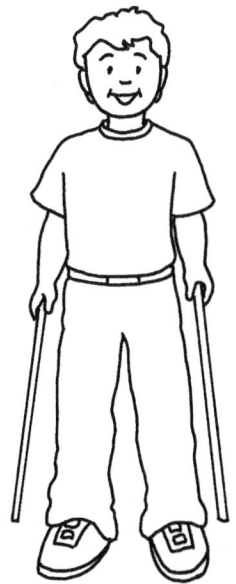

Preguntas Sobre Palos

1. ¿Qué canción eligió tu rango para la presentación?
   _____

2. ¿Qué historia contó la canción?
   _____

3. ¿Cómo puedes aprender más sobre el ministerio de los palos?
   _____

¡ENVUÉLVELO!

1. ¿Qué aprendiste del proyecto ministerial?
   _____

2. ¿Qué método de ministerio te gustó más? ¿Por qué?
   _____
   _____

3. ¿Cuál es el propósito de los Ministerios Infantiles?
   _____
   _____

4. ¿Qué te dice Lucas 6:40b sobre la enseñanza?
   _____
   _____

_____   _____
       Fecha   Firma del Guía

DISCIPULADO

VERSÍCULO BÍBLICO

"Por tanto, vayan y hagan discípulos de todas las naciones, bautizándolos en el nombre del Padre y del Hijo y del Espíritu Santo, enseñándoles a obedecer todo lo que les he mandado a ustedes. Y les aseguro que estaré con ustedes siempre, hasta el fin del mundo." (Mateo 28:19-20)

No eres demasiado joven para aprender a vivir como Cristiano. De eso se trata el discipulado: ser seguidor de Jesús y aprender a obedecer Sus enseñanzas. A partir de tu edad, puedes servir a Dios por el resto de tu vida.

MISIONES

¿Qué Puedes Hacer Con Esta Habilidad?

Cuando aprendas a ser un discípulo de Cristo, aprenderás a tomar buenas decisiones. Aprenderás a vivir una vida que agrade a Dios. Tendrás la ayuda de Dios mientras vives cada día.

Requisitos ✓ de Insignia

Elige cuatro de los cinco requisitos para completar la insignia Discipulado.

- ☐ Informar algunas maneras de compartir las buenas nuevas acerca de Jesús con otros.
- ☐ Aprender el significado de la palabra discipulado y los nombres de los doce discípulos de Jesús.
- ☐ Entrevistar a un cristiano en quien confías para ser tu mentor espiritual.
- ☐ Explicar el ABC de la Salvación.
- ☐ Encontrar una manera de usar las habilidades de Discipulado para ministrar a alguien más.

Palabras Para Saber

Discipulado: Aprender y seguir las enseñanzas de Jesús.

Mentor: Una persona en la que confías para aconsejarte y guiarte.

¿Qué Es Un Discípulo? Sesión 1

¿Qué piensas cuando escuchas la palabra discípulo? Podrías pensar en los 12 hombres que eran los ayudantes especiales de Jesús. Ellos viajaban con Él. Hablaron con Él. Aprendieron de Él. Intentaron hacer lo que Jesús dijo que agradaría a Dios. El discipulado cristiano significa aprender y seguir las enseñanzas de Jesús.

Lee el libro de Mateo 10:1-4.
¿Cuáles son los nombres de los 12 discípulos de Jesús?

1. _____
2. _____
3. _____
4. _____
5. _____
6. _____
7. _____
8. _____
9. _____
10. _____
11. _____
12. _____

Espiritual

Dondequiera que Jesús predicaba, la gente venía a escucharlo. Jesús tenía muchos otros discípulos, o seguidores. Incluso hoy, puedes ser un discípulo de Jesús.

Nombra algunas personas que conoces que siguen a Jesús hoy.
_____
_____
_____
_____
_____

Puedes aprender los nombres de los 12 discípulos de Jesús. Canta esta canción para ayudarte a recordarla. Utiliza la melodía de "Jesús me ama".

Jesús los llamó uno por uno, Pedro, Andrés, Santiago y Juan. Luego vinieron Felipe, Tomás también, Mateo y Bartolomé. Santiago, hijo de Alfeo, Simón, también Tadeo, El duodécimo apóstol Judas traicionó a Jesús. (coro)

Sí, Jesús los llamó, Sí, Jesús los llamó, Sí, Jesús los llamó, La Biblia me lo dice.

¿Eres Tú Un Seguidor? Sesión 2

Un discípulo Cristiano es alguien que obedece las enseñanzas de Jesús. ¿Cómo te conviertes en discípulo o seguidor de Cristo? Aquí hay algunas maneras de empezar como discípulo.

1. Arrepentirse y convertirse en un cristiano. ¿Cómo? ¡Es tan fácil como **A, B, C**

CONVIRTIÉNDOSE EN CRISTIANO

Admite que has pecado. Dile a Dios lo que has hecho, arrepiéntete de ello y debes estar dispuesto a dejarlo. *Por cuanto todos pecaron y están destituidos de la Gloria de Dios.* (Romanos 3:23)

Busca de Dios, proclama a Jesús como tu Salvador. Di lo que Dios ha hecho por ti. Ama a Dios y sigue a Jesús. *Todo aquel que invocare el nombre del Señor, ese será salvo.* (Romanos 10:13)

Cree que Dios te ama y envió a su Hijo, Jesús, para salvarte de tus pecados. Pide y recibe el perdón que Dios te está ofreciendo. Ama a Dios y sigue a Jesús. *Dios amó tanto al mundo que dio a su Hijo Unigénito, para que todo aquel que en Él crea, no se pierda, más tenga vida eterna* (Juan 3:16).

2. **Elegir vivir para agradar a Dios.** Puedes hacerlo aprendiendo más acerca de Él y obedeciendo Sus enseñanzas.
   - Ama a Dios y ama a los demás como a ti mismo. Lee Marcos 12: 30-31. ¿Qué dice sobre el amor?
   - Lee y obedecer la Palabra de Dios. Lee el Salmo 119: 11 y Lucas 11:28. ¿Qué dicen acerca de la Palabra de Dios?
   - Ora todos los días. Dios te ama, y Él quiere oír de ti. Tú puedes hablarle sobre todo. Lee el Salmo 145: 18 y 1 Pedro 3:12. ¿Qué hace Dios cuando oramos?
3. **Dile a otros acerca de Dios.** Tus palabras y tus acciones dicen a otros acerca de Dios. Lee los versículos a continuación. ¿Qué nos dicen sobre nuestras acciones?
   - Proverbios 20:11
   - Efesios 6:1
   - Efesios 4:32
   - Colosenses 3:17

¿Cómo Lo Vivo? Sesión 3

Vivir como discípulo de Cristo tiene que ver con tomar decisiones. Puedes decidir obedecer las enseñanzas de Jesús y vivir de acuerdo con ellos cada día.

¡Decisiones!

Cada día decides lo que vas a decir y hacer. No todas las decisiones son una gran cosa. (¿Quieres pastel o helado?) Pero algunas decisiones son una gran cosa. (¿Cómo tratarás a tu hermana? ¿Trucarás en una prueba?) Como discípulo, querrás hacer y decir lo que agrada a Dios. Piensa en esta lista de preguntas e ideas para ayudarte a tomar decisiones.

1. ¿Cuál es el problema?
2. ¿Cuáles son mis opciones?
3. ¿Qué opciones agradarían a Dios?
4. ¿Qué opciones mostrarían que amo a Dios y amo a otros?
5. ¿Qué dice la Biblia que debo hacer?
6. ¿Qué debo decir o hacer?
7. Pídele a Dios que te ayude a decidir.
8. Haz lo que creas que es correcto.
9. Piensa en lo que sucedió debido a tu decisión. ¿Tu decisión fue mala o buena? ¿Por qué?

¿Qué Pasa Si Hago Una Elección Incorrecta?

A veces los cristianos toman malas decisiones. A veces hacen cosas que no agradan a Dios. Necesitamos hacer nuestro mejor esfuerzo para no pecar. Pero esto es lo que la Biblia dice:

"Mis queridos hijos, les escribo esto para que no pequen. Pero si alguien peca, tenemos uno que habla al Padre en nuestra defensa: Jesucristo, el Justo. Él es el sacrificio expiatorio por nuestros pecados, y no sólo por los nuestros sino también por los pecados del mundo entero." (1 Juan 2:1-2)

Por lo tanto, hagan todo lo posible para seguir el ejemplo de Jesús sin pecado. Pero si pecas, pídele a Dios que te perdone. La Biblia dice en 1 Juan 1:9, "Si confesamos nuestros pecados, él es fiel y justo, y nos perdonará nuestros pecados y nos purificará de toda maldad." ¡No te rindas!

No Estás Solo

Una forma de aprender a ser discípulo es tener un mentor cristiano. Un mentor es alguien de confianza. Los mentores pueden ayudar a tomar las decisiones correctas. Pueden ayudarte a resolver problemas. Ellos orarán por ti.

Conocer A Mi Mentor

1. El nombre de mi mentor es: _____

2. ¿Cuándo se convirtió mi mentor en Cristiano? _____
   _____

3. ¿Cómo mi mentor decidió convertirse en Cristiano? _____
   _____
   _____

4. ¿Qué es lo más difícil de ser un seguidor de Cristo? _____
   _____
   _____

5. ¿Qué es lo mejor de ser un seguidor de Cristo? _____
   _____
   _____

¡ENVUÉLVELO!

1. ¿Cómo te sentiste después de tu proyecto de ministerio?
   _____
   _____

2. ¿Cómo puede tu mentor ayudarte a ser un mejor Cristiano?
   _____
   _____
   _____
   _____

3. ¿Qué dice Jesús a los Cristianos que deben hacer en Mateo 28:19-20?
   _____
   _____

4. ¿Cómo puedes usar tus habilidades de Discipulado para ayudar a otros a ser un seguidor de Jesús?
   _____
   _____

_____   _____
Fecha   Firma del Guía

MAYORDOMÍA

VERSÍCULO BÍBLICO

"Busca primeramente su reino y su justicia, y todas las demás cosas serán dadas." (Mateo 6:33)

¿Alguna vez le has dado a alguien un regalo? Pensaste en lo que le gustaría. Estarías contento de dárselo. Probablemente no esperarías que lo rompiera o lo tirara.

Dios nos ha dado todo lo bueno que tenemos. Él quiere que cuidemos bien esos regalos. Quiere que los gestionemos sabiamente. Tu tiempo, tus talentos, tu cuerpo y tu tesoro son dones especiales de Dios. Tienes que ser un buen mayordomo de estas cosas.

MISIONES

¿Qué Puedes Hacer Con Esta Habilidad?

Es importante usar sabiamente las cosas que Dios te da. Esta es una forma en que los Cristianos pueden agradar a Dios.

Requisitos ✓ de Insignia

Elige cuatro de los cinco requisitos para completar la insignia de Mayordomía.

- ☐ Hacer un plan de presupuesto simple.
- ☐ Usar uno de tus talentos especiales para ayudar a la iglesia.
- ☐ Ganar dinero para contribuir a la oferta de Alabastro.
- ☐ Donar dos horas de tu tiempo para ayudar a los demás.
- ☐ Encontrar una manera en que puedas usar tus habilidades de Mayordomía para ministrar a otra persona.

Espiritual

¿Soy Un Buen Mayordomo?

La mayordomía es lo que haces con lo que tienes. Una buena administración significa administrar esas cosas de manera responsable. Dios nos da todas las cosas buenas que tenemos. Quiere que usemos esas cosas sabiamente. La buena administración agradece a Dios. Él nos da:

- Tiempo
- Talentos
- Tesoros
- Nuestros cuerpos

Palabras Para Saber

Mayordomía: Lo que haces con lo que tienes.

Diezmo: Una cantidad de dinero que le das a Dios para apoyar a la iglesia. Un diezmo es una décima parte de tu dinero.

¿Sin Tiempo? Sesión 1

Dios nos da 24 horas cada día. En ese tiempo, tenemos que trabajar, jugar, descansar y cuidar de nosotros mismos. También necesitamos pasar tiempo con Dios.
¿Como pasas tu tiempo? Llene estos espacios en blanco para averiguarlo. La cantidad de tiempo:

Espiritual

- Duermo cada noche. _____
- Estoy en la escuela cada día. _____
- Miro la televisión, juego de video juegos, o uso de la computadora cada día. _____
- Hago tareas de la casa cada día. _____
- Me paso haciendo la tarea cada día. _____
- Paso en actividades después de la escuela. _____
- Paso con Dios cada día. _____
- Me quedan horas. _____.

¿Tienes más cosas que hacer que tiempo? Eso significa que necesitas encontrar una nueva forma de administrar tu tiempo. ¿Llegas tarde a la escuela a menudo? Quizás puedas ir a la cama antes y despertar antes. ¿Te apresuras a terminar la tarea en la mañana? Quizá puedas hacer tu tarea justo después de la escuela. Los cristianos pueden servir a Dios compartiendo su tiempo. Una manera en que podemos servir a Dios con nuestro tiempo es ayudando a los demás. ¿Cuáles son algunas de las formas en que puedes utilizar tu tiempo para ayudar a los demás?

_____
_____
_____
_____

Tiempo con Dios

Los Cristianos necesitan pasar tiempo con Dios todos los días. ¿Por qué? Dios te ama. Quiere pasar tiempo contigo. Él puede ayudarte con tus problemas. Aquí hay dos maneras de pasar tiempo con Dios.

1. **Ora.** Habla con Dios cada día. Puedes decirle acerca de las cosas buenas y malas que suceden. También puedes pedirle que te ayude.
2. **Leer y estudiar la Biblia.** Lee un poco de la Biblia cada día. Piensa en lo que lees. ¿Qué quiere Dios enseñarte?

¿Cómo puedes convertirte en un mejor mayordomo o administrador de tu tiempo?

_____
_____
_____

¡Eres Es Un Regalo! Sesión 2

¿Sabías que eres un regalo? Dios te hizo una persona especial. Tienes un cuerpo maravillosamente diseñado por Dios. Tienes habilidades especiales. Puedes ser un buen mayordomo o administrador de ambos.

Administrar Tu Cuerpo

Dios te ha dado un cuerpo, y Él quiere que lo cuides bien. No tienes que parecer una estrella para ser lo mejor para Dios. Simplemente significa que eres responsable de las cosas que haces a tu cuerpo. Aquí hay algunas maneras fáciles de cuidar de tu cuerpo:

- Come comidas saludables. (¡Cómete el desayuno también!)
- Mantente alejado de la comida chatarra y refrescos.
- Haz ejercicio al menos un poco todos los días.

- Lávate las manos con frecuencia.
- Ve al médico cuando estés enfermo.
- No fumes, bebas alcohol o tomes drogas ilegales.
- No hagas cosas que sabes que no agradarán a Dios (pecados).

Lee 1 Corintios 6:19-20. ¿Cuáles son otras maneras de honrar a Dios con tu cuerpo?

_____
_____
_____

¡Eres talentoso!

Dios creó a cada persona con habilidades y talentos especiales. Te gustan las cosas diferentes y actúas de manera diferente de los demás. Puedes usar tus talentos y habilidades únicas para servir a Dios y a los demás.

Todo el mundo tiene un don especial. Tal vez haces que otros se sientan felices. Tal vez eres bueno en la música. Tal vez escribes o eres bueno en los deportes. Todos estos talentos son útiles para servir a Dios.

Lee Romanos 12:6a.
Luego, lee 1 Corintios 12:12-27.

Pablo dijo a la gente en Corinto que la Iglesia es como un cuerpo humano. Los miembros tienen diferentes habilidades. Usamos nuestros pies para pararnos y caminar. Utilizamos nuestros ojos para ver. Ambos son importantes, pero ambos son diferentes. Podemos usar todo talento que tenemos para servir a Dios, si lo hacemos, es porque amamos a Dios y a los demás.

Mis talentos o habilidades especiales son:
_____
_____
_____

He aquí cómo puedo usarlos para servir a Dios:
_____
_____
_____
_____

Caza Del Tesoro: Sesión 3

Dios también te ha permitido tener tesoros. Pueden ser posesiones especiales o dinero. Dios quiere que seamos buenos administradores de nuestro dinero y posesiones. Aquí está cómo hacer eso:

Mis Cosas

Aquí hay algunas maneras de administrar tus posesiones sabiamente:

- Cuidar bien de ellos para que duren más tiempo.
- No seas codicioso. Comparte tus cosas con los demás. (Lee Lucas 6:30.)
- Si no necesitas o quieres más artículos, dalos. (Pero tira o arregla artículos rotos.)
- Recuerda, no hagas tus posesiones más importantes que Dios. Cuando ponemos a Dios primero, recibimos bendiciones de Él. Esto es mejores que cualquier posesión que podamos pedir.

Mi Dinero

Jesús dice en Mateo 6:19-20 que tenemos que tener cuidado con nuestra actitud acerca de lo que tenemos. Mucha gente quiere tener mucho dinero. Pero si la gente pone el dinero antes de servir a Dios, nunca será feliz. El dinero y las posesiones eventualmente se gastarán o se perderán. Pero el amor de Dios dura para siempre.

¿Qué es un diezmo?

Un diezmo es una décima parte de tu dinero. Un diezmo es lo que le das a Dios para que apoye a la iglesia. Si los cristianos ganan dinero o reciben un subsidio, deben diezmar. Puede ser difícil de diezmar al principio. Si haces un hábito de dar una décima parte a la iglesia antes de gastar cualquier otra cosa, será más fácil. Si no obtienes una asignación u otro dinero, está bien. Apenas recuerda ser un buen mayordomo de las cosas que tienes. Diezma cuando tengas dinero.

$$\frac{1}{10} = \$1 \text{ de cada } \$10$$

Estos son algunos consejos para una buena administración del dinero:

- Antes de gastar algo, ¡recuerda diezmar!
- Ahorra un poco de dinero para cosas que desees o necesites más tarde.
- Compra sabiamente. No compres algo en una tienda si es menos costoso en otro lugar.
- Da a las personas que lo necesiten. ¿Conoces a alguien que no puede permitirse un abrigo de invierno o dinero para una excursión? Pregunta a tus padres si puedes compartir con esa persona.

Cómo Voy A Administrar Mi Dinero

$___5.00___ La cantidad de dinero que hice.

$_____ Mi diezmo (10 por ciento de mi dinero).

$_____ La cantidad que guardo.
(El diez por ciento o más es bueno.)

$_____ La cantidad que me queda para gastar

¡ENVUÉLVELO!

1. ¿Cómo te sentiste después de tu proyecto de ministerio?
   _____
   _____

2. ¿De qué manera puedes usar tus talentos o habilidades especiales para servir a Dios?
   _____
   _____
   _____

3. ¿Qué otras cosas puedes hacer para ser un buen mayordomo?
   _____
   _____
   _____

_____   _____
       Fecha   Firma del Guía

CUIDADO DE NIÑOS

VERSÍCULO BÍBLICO

"Instruye al niño en el camino que debe seguir, y cuando sea viejo no se apartará de él."
(Proverbios 22:6)

El cuidado de un bebé o de un niño pequeño es una cosa muy importante. Los bebés y los niños pequeños necesitan cuidados especiales porque no pueden cuidar de sí mismos. Los bebés necesitan que hagas todo por ellos: alimentarlos, cambiar sus pañales y sujetarlos. Los niños pequeños pueden hacer más por sí solos, pero todavía necesitan ojos vigilantes que los protejan del peligro.

La Palabra de Dios dice que debemos tratar a los niños con amabilidad y respeto. En esta insignia aprenderás muchas cosas sobre el cuidado de bebés y niños pequeños. ¡Disfruta de los niños que puedes cuidar y diviértete! Pero recuerda que lo más importante es mantener al bebé a salvo. ¡Nunca olvides que el bebé que estás cuidando depende de ti!

CARÁCTER

¿Qué Puedes Hacer Con Esta Habilidad?

Aprender a cuidar a los niños pequeños es algo importante. Una vez que sepas cómo sostener, alimentar y cambiar el pañal de un bebé, puedes divertirte viendo bebés. Eventualmente, incluso podrías ganar algo de dinero extra por cuidar niños. Las habilidades que aprendes en esta insignia te seguirán el resto de tu vida mientras encuentras y haces amigos bebés y niños pequeños.

Requisitos ✓ de Insignia

Elige cuatro de los cinco requisitos siguientes para completar la Insignia de Cuidado de Niños.

- ☐ Aprender cómo sostener y alimentar a un bebé y cambiar un pañal. ¡Practica en una muñeca antes de probar lo real!
- ☐ Crear una lista de verificación de la información necesaria de los padres de los niños que cuidas.

109

☐ Crear una lista de actividades apropiadas para su edad. Necesitarás al menos una actividad para cada grupo de edad: nacimiento-6 meses, 6 meses-1 año, 1 año-2 años, 2 años-3 años, 3 años-6 años.

☐ Utilizar las herramientas aprendidas en esta insignia de Cuidado Infantil para armar una bolsa de cosas que desees llevar contigo en cualquier momento que tengas que velar a niños. (Incluye una lista de "Verificar con los padres" y "Actividades" en la lista.

☐ Encontrar una manera de usar las habilidades de Cuidado Infantil para ministrar a otra persona.

#1 seguridad

■ **Siempre** tener información de contacto de emergencia para los padres de cada niño que cuides.

■ **Asegúrate** de conocer al niño y a la familia del niño que cuidas antes de que los padres te dejen solo con el niño.

■ **Nunca** golpees, pellizques, patees o toques a un bebé de cualquier manera que pueda lastimar al bebé. Recuerda que los bebés son pequeños, y necesitas ser amable cuando estás con ellos.

■ **Siempre** piensa en lo que el bebé podría necesitar primero. Recuerda que los bebés dependen de ti para todo mientras estás cuidándolos.

■ **Nunca** dejes a un niño desatendido.

■ **Siempre** utiliza una voz silenciosa con los bebés y niños pequeños.

■ **Nunca** gritar a un bebé.

PALABRAS PARA SABER

Bebé: Un bebé es una persona entre el nacimiento y 18 meses. Los bebés deben ser vigilados con mucho cuidado.

Niño pequeño: Un niño es una persona que tiene más de un año de edad. Los niños pequeños pueden hacer más por sí mismos, pero todavía necesitan ser observados con mucho cuidado.

Emergencia: Una emergencia es una situación inesperada que requiere una acción inmediata. Puedes estar preparado para estas emergencias por saber lo que debes hacer si se presentan ciertas situaciones.

Niños, Bebés Y Sus Padres: Sesión 1

Los niños, los bebés y sus padres son personas realmente importantes a considerar. Es importante que conozcas algunas de las diferencias entre bebés y niños pequeños. También es necesario saber cómo interactuar con los padres de los niños que cuides. Los padres pueden decirte hechos importantes sobre lo que le gusta y no le gusta al niño. Saber esto puede hacer que sea más fácil para ti cuidar al niño.

Aprendiendo los Fundamentos

Bebés (nacimiento hasta los 18 meses)

- Lloran para obtener ayuda o atención.
- No les gusta cuando sus padres se van.
- Necesitan que alguien los sostenga cuidadosamente, apoyen su cabeza y espalda.
- Les gusta ser sostenidos y que jueguen con ellos. Por lo general les gusta que les lean.
- **No pueden** jugar con juguetes que tienen piezas pequeñas.
- Asegúrate de que los padres te enseñen cómo alimentar al bebé.

Niños Pequeños (de 18 meses a 4 años)

- A menudo pueden usar palabras para decirte lo que necesitan.
- Probablemente no les gustará cuando sus padres se van.
- No es necesario sostenerlos todo el tiempo. Pueden sentarse, pararse y caminar normalmente sin mucha ayuda.
- Les gusta que jueguen con ellos, pero les gusta hacer cosas por sí mismos cuando pueden. Disfrutan de una persona que les lea.
- **No pueden** jugar con juguetes que tienen piezas pequeñas.
- Consumen alimentos más regulares. Pregunta a los padres acerca de los alimentos que el niño pueda comer.

Los Padres Saben Mejor

Hay muchas cosas importantes para recordar cuando se cuida a los niños. Los padres son una fuente muy importante de información. No sólo es importante conocer al niño que cuides, sino también es importante conocer a los padres de ese niño. Estas son algunas cosas importantes a recordar:

- Haz un montón de preguntas sobre lo que al niño le gusta y necesita.
- Habla con los padres sobre lo que debe comer el niño, cuándo debe comer el niño y cuánto debe comer el niño.

- Saber cómo comunicarse con los padres en cualquier momento cuando se vayan.
- Anota todo lo que los padres te digan. Mantén una lista de rutinas, instrucciones especiales y tiempo de acostarse.
- Lo más importante, sigue muy cuidadosamente cada instrucción que obtengas de un padre. Respeta las reglas y rutinas de la familia.

Cuidado Y Preparación: Sesión 2

Todo el mundo espera que cuando aceptes cuidar a un niño, nada salga mal. Pero, ¿qué harás si algo sale mal? Como persona que vigila a un niño, eres responsable de la seguridad y el bienestar de ese niño. Es importante que sepas qué hacer en caso de que algo inesperado suceda.

Saber Qué Hacer En Caso De Emergencia

- Los padres te darán un número de teléfono para comunicarte con ellos en cualquier momento.
- Haz una lista de los números de emergencia y déjalo por el teléfono mientras estás cuidando a niños.
- Planifica cómo saldrás del edificio si hay un incendio, un terremoto u otra emergencia.
- Piensa en posibles peligros. ¿Cuáles son algunas cosas que podrían sucederle al niño?, y ¿cómo puedes prevenir el accidente antes de que suceda?

¡Peligro! ¡Peligro! ¡Peligro!

Piensa en estos posibles peligros. ¿Qué le podría pasar al niño? ¿Qué podría hacer para prevenir el accidente?

a. Un bebé se deja solo en una cama o un sofá.
b. El bebé o niño pequeño está en la bañera y el teléfono suena.
c. Hay un limpiador de horno en el gabinete debajo del fregadero.
d. El bebé o niño pequeño encuentra un enchufe eléctrico descubierto.
e. Hay una cacerola de agua caliente en la estufa.
f. Hay pequeñas piezas de juguetes en el suelo.

Disciplina, NO Castigo

Como niñera, o proveedor de cuidado infantil, es tu trabajo mantener el niño que estás cuidando seguro y feliz. Pero, ¿qué haces cuando el niño se porta mal? Antes de que los padres se vayan, pregúntales lo que podrían sugerir como consecuencia si un niño no escucha o el niño le desobedece. Una de las cosas más eficaces es el tiempo fuera. Si un niño le desobedece, o está rompiendo una regla, colócalo en una silla, lejos de todos los juguetes por un minuto por año de edad. Regresa al niño y habla sobre el comportamiento apropiado antes de dejar que el niño juegue de nuevo. Recuerda, golpear o dañar físicamente a un niño de ninguna manera **NUNCA** está bien. **NUNCA** castigues a un niño o le hagas daño a un niño. La disciplina no consiste en hacer que el niño se sienta mal o triste. La disciplina consiste en enseñar al niño cuál es el comportamiento correcto. A menudo elogiar a los niños cuando están haciendo algo bien va mucho más allá de disciplinarlos cuando hacen algo mal.

NOTA: Siempre pregunta a los padres cómo manejar la mala conducta primero.

Tiempo De Juegos: Sesión 3

Ya sea que estés cuidando a un bebé recién nacido o a un niño de cuatro años, hay muchas maneras diferentes de divertirse con el niño. Aquí hay algunas sugerencias. Siéntete libre de agregar algunas ideas a esta lista de cosas que desees probar cuando estés cuidando a un bebé o un niño pequeño.

Juguetes:

A los bebés y los niños pequeños les gusta ponerse los juguetes en la boca, pero pueden ahogarse y morir si tragan una pequeña parte de un juguete. Mira algunos juguetes para bebés y niños pequeños. ¿Hay partes que podrían hacer daño? Haz un puño con la mano. Si el juguete es más pequeño que tu puño, no es un buen juguete para un bebé.

Juguetes sugeridos:

_____

_____

Juegos:

Observa a los bebés y niños pequeños jugar. Los bebés y los niños pequeños pueden hacer un juguete de casi cualquier cosa.

Juegos sugeridos:

_____

_____

_____

Historias y Canciones:
    Habla con los padres o con los trabajadores de la iglesia. Aprende algunas historias y canciones de bebés y niños pequeños. ¿Cuál es un libro de cuentos favorito? ¿Cuál es su canción favorita? ¿Cuáles fueron algunas historias y canciones que te gustaron cuando eras más joven? Trata de leer un libro o cantar una canción para un bebé o un niño pequeño. Les encantará la atención personal que están recibiendo de una persona mayor.
    Sugerencias de libros y canciones:

_____

_____

_____

_____

¡ENVUÉLVELO!

1. ¿Cuál es la diferencia entre un bebé y un niño pequeño?

_____

_____

2. ¿Cómo puede Dios usar tus habilidades de Cuidado Infantil en el futuro?

_____

_____

3. ¿Cuál es la cosa favorita que has aprendido acerca de cómo cuidar a los niños en esta insignia?

_____

_____

4. ¿Qué te dice Proverbios 22:6 sobre el cuidado de los niños?

_____

_____

Fecha   Firma del Guía

CIUDADANÍA

VERSÍCULO BÍBLICO

"Nuestra ciudadanía está en el cielo. Y desde allí esperamos ansiosamente un Salvador, el Señor Jesucristo." (Filipenses 3:20)

Eres ciudadano del lugar en que naciste. ¿Cómo puedes ser ciudadano del cielo también? Es fácil. Los ciudadanos son personas que pertenecen a una comunidad. Siguen las reglas de la comunidad. Cuando eres cristiano, te conviertes en ciudadano del cielo. Sigues las reglas de Dios así como las reglas del lugar donde vives.

MISIONES

¿Qué Puedes Hacer Con Esta Habilidad?

La buena ciudadanía te ayuda a hacer del mundo un mejor lugar para vivir. Como buen ciudadano, puedes ser un buen ejemplo para otros. También puedes mostrar a otros lo que es ser cristiano, porque los cristianos modelan las acciones de un buen ciudadano.

Requisitos ✓ de Insignia

Elige cuatro de los cinco requisitos para completar la insignia de Ciudadanía.

- ☐ Ayudar con un proyecto de servicio comunitario.
- ☐ Aprender información básica sobre el gobierno local, estatal/provincial y nacional.
- ☐ Aprender las promesas a tu bandera nacional y a la bandera cristiana.
- ☐ Participar en un proyecto de ministerios compasivos para beneficiar a la comunidad o a la iglesia.
- ☐ Encontrar una manera de usar las habilidades de la Ciudadanía para ministrar a alguien más.

Cualquiera puede ser un ciudadano. Pero no todo el mundo es un buen ciudadano. Ser un buen ciudadano es fácil. Simplemente: **¡HAZ BUENOS ACTOS! ¡SE CONSCIENTE DE TUS ACTOS! ¡TEN CUIDADO DE TUS ACTOS!**

Palabras Para Saber

Ciudadanía: Pertenecer a una comunidad.

Comunidad: Un grupo de personas que viven cerca el uno del otro y comparten intereses.

Responsabilidad: Hacer tu parte para ayudar. La gente puede confiar en ti si eres responsable.

¡Acto! Sesión 1

Puedes ser un ciudadano del país de donde eres o tus padres nacieron. También puedes optar por convertirse en ciudadano de un nuevo país. Cuando eres ciudadano, sigues las reglas de tu país. Un buen ciudadano obedece las leyes. Un buen ciudadano es activo en la comunidad.

Responsabilidades

Hay algunas cosas que un país hace por sus ciudadanos. En algunos países, los niños van a escuelas gratuitas. En algunos países un niño no va a la escuela a menos que los padres paguen una gran cantidad de dinero. Algunos países permiten a los ciudadanos elegir a sus líderes. Todos los países tratan de proteger a sus ciudadanos.

Hay algunas cosas que la gente necesita hacer por sus países. Se les llama responsabilidades. Una responsabilidad es pagar impuestos. Un impuesto es el dinero que pagas al gobierno por los servicios que proporciona. Un poco de dinero se usa para pagar a los líderes del gobierno. También pagas por cosas como escuelas y caminos. Parte del dinero que pagas es por la gente que protege a los ciudadanos y al país.

Hay muchas cosas que los niños pueden hacer por sus países. A continuación se presentan algunas de las responsabilidades o deberes de los ciudadanos. ¿Qué puedes hacer para ayudar?

- Mantener el país limpio.
  Puedo _____.
- Cuidar la tierra.
  Puedo _____

- Ayudar a otros en mi comunidad y en mi país.
  Puedo _____.
- Enseñar a los jóvenes a ser buenos ciudadanos.
  Puedo _____.
- Ser honesto en todo momento.
  Puedo _____.
- Pagar impuestos.
  Pago impuestos cuando _____.

¡Consciente! Sesión 2

No podemos ayudar a la comunidad sin saber lo que necesita. Para ser un buen ciudadano, necesitas saber lo que está pasando en tu comunidad y país. Para saber qué está pasando, lee el periódico o revistas. También puedes ver las noticias en la televisión o escucharlas en la radio. Puedes aprender acerca de los eventos actuales en Internet.

¿Cuál es el evento mundial más reciente en las noticias?
_____
_____
_____

Aquí hay algunas cosas que necesitas saber. . .

Tu País
- El nombre del líder de tu país: _____
- Cómo se elige al líder: _____
- Cómo se organiza el gobierno: _____
- Cómo se hace una ley: _____

Tu Estado/Provincia
- Nombre del líder de tu estado o de la provincia o del departamento: _____
- Capital en tu estado/provincia/departamento: _____
  _____
- Quién habla por Tu ciudad en el gobierno del estado/provincia/departamento: _____

Tu Ciudad
- Nombre del líder de tu ciudad/pueblo: _____
- El grupo que establece las leyes para tu ciudad: _____

La Biblia nos dice que los cristianos son ciudadanos del cielo. ¿Cómo puedes aprender más sobre ser un ciudadano del cielo?

_____
_____
_____
_____
_____

¡Cuidado! Sesión 3

Un buen ciudadano se preocupa para los demás, para la vida y para su comunidad. Como ciudadanos del cielo, seguimos las mismas reglas. Dios quiere que nos preocupemos para todas estas cosas también. Cuidar significa esto:

1. **Respeto.** Respeta a los demás, a tu comunidad / país, y a las leyes de Dios. Respetar las cosas significa tratarlas como si fueran especiales y no destruirlas.
2. **Amor.** Cuando muestras amor, tratas bien a los demás. Haces lo que es mejor para ellos. Amar a tu comunidad significa ayudar a que sea un buen lugar para todos.
3. **Lealtad.** Cuando eres leal, te levantas por algo. Te levantas por lo que es correcto, incluso si es impopular.

Cuando te importa, te tomas tiempo para averiguar qué está pasando. Entonces, haz lo que puedas para ayudar.

¿Cuál es la forma en que puedes mostrar que cuidas de tu comunidad esta semana?

_____
_____

Podemos mostrar lealtad aprendiendo promesas. Memoriza las promesas a tu bandera nacional y a la bandera Cristiana.

Promesa a la Bandera Cristiana

"Prometo lealtad a la bandera cristiana y al Salvador por cuyo reino está; Una hermandad, uniendo cristianos por todas partes en servicio y en amor."

¡ENVUÉLVELO!

1. ¿Cómo te sentiste después de tu proyecto de ministerio?

   _____
   _____

2. ¿Qué significa ser ciudadano del cielo?

   _____
   _____
   _____

3. ¿Cómo puedes usar las habilidades de Ciudadanía para servir a Dios?

   _____
   _____
   _____
   _____

_____   _____
Fecha   Firma del Guía

EMPRESA

VERSÍCULO BÍBLICO

"No uses normas deshonestas al medir longitud, peso o calidad." (Levítico 19:35)

Como cristianos, queremos que nuestras acciones reflejen nuestra relación con Dios. Estas acciones no se limitan a la asistencia a la iglesia y a la adoración de los domingos por la mañana. No, queremos que Dios se involucre en cada parte de nuestras vidas. Las palabras que usamos, la forma en que estudiamos para una prueba, y la forma en que ayudamos a los demás son sólo algunas de las áreas donde podemos honrar a Dios con nuestras acciones.

El escritor de Levítico está hablando a los israelitas sobre este mismo asunto. Les recordó que debían honrar a Dios. Deben honrarlo en el trabajo, en el hogar, y en la iglesia. Dios no quiere el control de sólo una porción de tu vida, Él quiere tu todo. Para ponerlo en términos más prácticos, honrar a Dios sólo en la iglesia es como decir que Dios puede tener control sobre tu pierna o brazo, pero no sobre todo tu cuerpo. Dios quiere que lo honres a donde quiera que vayas y lo que hagas.

CARÁCTER

¿Qué Puedes Hacer Con Esta Habilidad?

Saber cómo tratar a los demás en un entorno empresarial es una habilidad importante que debes obtener. No sólo se reflejará bien en la empresa que representas, sino será un reflejo de tu relación con Dios.

Requisitos ✓ de Insignia

Elige cuatro de los cinco requisitos siguientes para completar la insignia de Empresa.

- ☐ Desarrollar un producto o servicio que puedas vender.
- ☐ Crear un anuncio comercial para tu empresa.
- ☐ Enumerar las "Cinco Cualidades Fabulosas de un Asociado de Ventas"
- ☐ Crear un cuaderno financiero para mantener tus registros financieros.
- ☐ Encontrar una manera de usar las habilidades empresariales para ministrar a alguien más.

#1 Seguridad

- **SIEMPRE** pedir el permiso de tus padres o tutores legales antes de intentar vender un producto o servicio.
- **SIEMPRE** informar al cliente de las precauciones que deben tomar al utilizar el producto.
- **Nunca** utilizar el equipo si no estás seguro de cómo operarlo.
- **Nunca** hacer llamadas a domicilio después de oscurecer.
- **Nunca** vender un producto o servicio puerta a puerta a menos que tengas un adulto contigo.

PALABRAS PARA SABER

Empresa: Una empresa

Asociado de ventas: Una persona que vende productos o servicios para una empresa específica.

Registros: Un listado que incluye los detalles de tus ventas (producto vendido, precio del producto, cliente, fecha de venta).

Producto: Un artículo que intentas vender. Un ejemplo de un producto sería una camiseta.

Servicio: Una actividad que estás intentando vender. Un ejemplo sería cortar césped.

Gran Negocio: Sesión 1

Cada aventura de negocios debe comenzar con la preparación. De hecho, mucha gente diría que la preparación y la organización son claves para el éxito. Consulta las siguientes preguntas a medida que comienzas a desarrollar tu negocio.

¿Preguntas?

1. **¿Qué venderás?**
   ¿Vendes un servicio o un producto? Haz una lista de productos o servicios que podrías vender.
   _____
   _____
   _____

   Mira la lista que has hecho. Luego, piensa en los productos o servicios que la gente de tu vecindario tiene más probabilidades de comprar. _____

social

2. **¿Cuánto Cobrarías?**

   Primero, determina cuánto te costará el producto o servicio. Luego, decide cuánta gente estaría dispuesta a pagar por tu producto o servicio.

3. **¿Cuál es tu declaración de misión?**

   Una declaración de misión indica el propósito de tu producto o servicio. Debe ser corto y al grano, algo que podrías recitar de memoria. Ejemplo: En Limonada de Juan, hacemos una bebida refrescante para personas de todas las edades.

   Escribe tu declaración aquí:

   _____

   _____

   _____

   _____

4. **¿Cómo lo anunciarás?**

   Enumera varias maneras en que podrías publicitar tu producto o servicio.

   _____

   _____

   _____

   _____

   Escribe un lema para tu producto o servicio. Tu lema debe ser corto y algo que la gente pueda recordar. Ejemplo: ¡Una manzana al día mantiene alejado al médico! Piensa en algunos lemas que hayas escuchado, luego escribe los tuyos.

   _____

   _____

   _____

   _____

   _____

Los Fabulosos Cinco: Sesión 2
Las Fabulosas Cinco Cualidades de un Asociado de Ventas

La primera impresión de un cliente tuyo puede impactar grandemente tu éxito. Desarrolla las *"Cinco Cualidades Fabulosas de un Asociado de Ventas"* antes de comenzar a vender tu producto o servicio.

1. Conoce tu producto! ¿Como funciona? ¿Qué puedes hacer? ¿Qué no puedes hacer?
2. Determina si estás vendiendo un servicio o producto. Ten una lista de referencias. Una referencia es una persona que puede decir que hiciste un buen trabajo o está satisfecho con tu producto.
3. Sé limpio y aseado. Peina tu cabello. Usa ropa lavada y planchada. Toma un baño o una ducha.
4. Se cortés y honesto, incluso si una persona no compra tu producto o servicio.
5. Mientras vendes, recuerda la promesa del Explorador. "Como explorador de caravanas seré: Alegre, limpio, cortés, provechoso, trabajador, leal, obediente, respetuoso, reverente, y digno de confianza."
6. ¿Qué dirías si alguien te pregunta acerca de tu servicio o producto?
    a. Dile tu nombre.
    b. Di lo que estás vendiendo.
    c. Di por qué lo estás vendiendo (dinero extra, un viaje, un recaudador de fondos).
    d. Describe el producto o servicio.
    e. Di por qué el cliente se beneficiaría de tu producto o servicio.

Utiliza la información anterior para escribir lo que vas a decir a alguien interesado en tu producto o servicio.

_____
_____
_____
_____
_____
_____

¡Seguimiento De Ventas! Sesión 3

Es importante para ti hacer un seguimiento de cuánto estás vendiendo, quién está comprando tu producto o servicio, y cuánto estás gastando en mantenimiento o producción.

Registra Tus Ventas

Registra tu información de ventas en un cuaderno. Un libro de registro se puede comprar en una tienda, puede ser hecho de un cuaderno, o creado en la computadora. Tu libro de registro debe seguir este formato.

Nombre: _____

Tipos de productos/servicios vendidos: _____

Número de artículos vendidos/servicios realizados: _____

Precio por artículo/servicio: _____

Total de dinero recaudado: _____

Ganancia obtenida: _____

- Cuesta $_____ hacer cada _____ (producto o servicio).

- Puedo cobrar $_____ por cada _____ (producto o servicio).

- Resta la cantidad de dinero que te cuesta hacer tu producto de la cantidad de dinero que estás cobrando o haciendo de cada venta. Esto determinará cuánto dinero estás haciendo. ¿Estás haciendo beneficio? Si no, pregúntate por qué.

Mantener un registro de tus costos de producción y ventas te ayudará a determinar dónde puedes hacer ajustes con el fin de obtener un beneficio. Podrías reducir el costo en publicidad o materiales. A veces la única manera de obtener un beneficio es elevar el costo.

Publicidad: $_____

Materiales:

Artículo _____ = $_____

Artículo _____ = $_____

Artículo _____ = $_____

Artículo _____ = $_____
Artículo _____ = $_____
Artículo _____ = $_____
Artículo _____ = $_____
Total = $_____

¿Dónde puedes hacer ajustes?

¡ENVUÉLVELO!

1. ¿Qué aprendiste participando en un proyecto ministerial?
   _____

2. ¿Cómo puedes utilizar tus habilidades Empresariales en el futuro?
   _____
   _____

3. Ganar dinero no es la parte más importante de un negocio. De hecho, muchas personas encuentran gran satisfacción en la creación de un producto de calidad o servir a otros sin hacer ningún beneficio. ¿Cuáles son algunas de las cosas que te gustaría hacer en tu negocio?
   _____
   _____

4. Si comenzaras de nuevo, ¿qué cambios harías a tu producto o negocio?
   _____
   _____

_____   _____
Fecha   Firma del Guía

HOSPITALIDAD

VERSÍCULO BÍBLICO

"Todos los días continuaban reuniéndose en las canchas del templo. Rompieron pan en sus hogares y comieron juntos con corazones alegres y sinceros, alabando a Dios y disfrutando del favor de todo el pueblo. Y el Señor añadía diariamente a los que estaban siendo salvos." (Hechos 2:46-47)

La hospitalidad implica la manera que tratas a huéspedes y las cosas especiales que haces por ellos. Pero la hospitalidad puede ser más que simplemente dar la bienvenida a un huésped en tu hogar. La hospitalidad tiene un significado más profundo.

Vivir una vida de hospitalidad incluye mostrar el amor de Jesús al mundo. Mostrar hospitalidad a las personas responde al llamado de Jesús para dar la bienvenida al extraño y amar a los sin amor.

La hospitalidad es también una parte de vivir la vida santa que Dios nos pide que vivamos. A medida que nos volvemos más parecidos a Cristo, mostraremos hospitalidad a la gente que conocemos. También usaremos la hospitalidad como una manera de hablar a otros acerca de Dios y Su amor.

MISIONES

¿Qué Puedes Hacer Con Esta Habilidad?

Las habilidades de hospitalidad son importantes para ti ahora. La hospitalidad es una habilidad que te ayudará durante toda tu vida. Ser una persona con habilidades de hospitalidad es uno de los primeros pasos para convertirse en un adulto responsable y cuidadoso.

Requisitos ✓ de Insignia

Elige cuatro de los cinco requisitos a continuación para completar la insignia de Hospitalidad.

- ☐ Ayudar a dos personas con algo que necesitan antes de que te pidan ayuda.

- ☐ Hacer una lista de cosas que hace que la gente se sienta cómoda y una lista de cosas que hace incómoda a la gente.
- ☐ Explicar cinco maneras en que los Scouts pueden utilizar las habilidades de hospitalidad para alentar a otros.
- ☐ Planificar una fiesta. Siguiendo las pautas de hospitalidad, has que la gente se sienta cómoda y bienvenida.
- ☐ Encontrar una manera de usar las habilidades de hospitalidad para ministrar a otra persona.

Palabras Para Saber

Hospitalidad: Buscar maneras de hacer que los que te rodean se sientan cómodos.

Utilidad: Ofrecer tu ayuda antes de que se te pida.

Compasión: Ver a otros en necesidad y satisfacer esa necesidad mientras no esperas nada a cambio.

¡La Hospitalidad Es Ayudar! Sesión 1

El primer paso hacia la hospitalidad es aprender que a veces necesitamos buscar maneras de ayudar a otros. Ayudar es un hábito importante. Ayudar muestra a los demás que realmente te importan. Es una gran manera de compartir con otros el amor que Dios te ha mostrado.

Cuando ofrecemos nuestra ayuda a los demás, básicamente estamos diciendo: "Quiero darte mi tiempo, para poder animarte". Ayudar a los demás es algo a lo que Dios nos llama. Dios nos ayudó primero enviando a Jesús, Su Hijo, a morir por nuestros pecados. ¿Lo amas lo suficiente como para buscar maneras de ayudar a otros?

Corazones Útiles

Ayudar puede ser divertido. ¿Cuáles son algunas de las maneras en las que disfrutas ayudando a tu familia o amigos?

A veces ayudar no es fácil. En lugar de esperar a que alguien pida ayuda, ¿cuáles son algunas de las maneras en que puedes ser útil para los demás?

¡Que Necesitas!

Lo único que necesitas para convertirte en una persona útil es la actitud correcta. A veces la gente necesita ayuda de ti cuando ya está haciendo otra cosa. A veces puede que no quieras ayudar en ese momento. Pero debes estar dispuesto a ayudar a otros cuando lo necesitan, incluso si es un mal momento para ti. Todo lo que necesitas es un espíritu dispuesto, y Dios te permitirá ayudar a otros.

La Hospitalidad Es Compasión: Sesión 2

¿Qué es la Compasión?

Compasión es dar comprensión y cuidado a alguien que lo necesita. Si alguien está solo, una persona de compasión se convertirá en su amigo. Si alguien no sabe cómo hacer algo, una persona de compasión dejará a un lado lo que él o ella está haciendo para ayudar. La compasión da la bienvenida a un viejo amigo o busca hacer un nuevo amigo. Compasión es satisfacer una necesidad. Hospitalidad y compasión trabajan juntos, ofreciendo amistad a los que están solos.

Algunas maneras de mostrar hospitalidad a través de la compasión:

1. Busca a alguien que está solo y siéntate con la persona.
2. Ofrece compartir un juguete favorito o parte de tu almuerzo con tu nuevo amigo.
3. Cuando entres en una habitación, busca a alguien que no esté hablando con nadie más. Habla con la persona y averigua algo interesante sobre él o ella.
4. Encuentra una manera de satisfacer una necesidad de tu nuevo amigo.

Maneras en que Puedo Mostrar Hospitalidad esta Semana.

_____
_____
_____
_____
_____
_____
_____

Cortesía En la Fiesta: Sesión 3

Una de las mejores maneras de dar la bienvenida a otros en Tu hogar es tener una fiesta.

Cuando hagas una fiesta, uno de tus mayores trabajos será dar la bienvenida a todos y hacer que se sientan cómodos. Esto es la hospitalidad, asegurándote de que todo el mundo está cómodo, bien cuidado y se siente bienvenido.

Antes De Que Llegue Tu Invitado:
- Asegúrate de que tu casa o habitación esté limpia. ¡Saca ese vacío y haz el trabajo! ¡La hospitalidad incluye tener una casa limpia!
- Ten listos todos los alimentos para comer. Cuando lleguen tus invitados, ¡puedes concentrarte en ellos!
- Planea hacer cosas que tu huésped podría disfrutar.

Cuando Llegue Tu Invitado:
- Saluda a tu invitado en la puerta.
- Presenta al invitado a tus padres u otros invitados ya presentes.
- Si tu invitado no ha estado en tu casa antes, muéstrale a la persona la casa.

Mientras Tu Invitado Está Allí:
- Siempre trata a tu invitado muy bien. Deja que la persona sea la primera en todo lo que haces. Deja que la persona elija qué hacer.
- ¿Qué pasa si tu invitado sugiere algo que no se te permite hacer? Explícale las reglas de tu casa a tu invitado y sugiere algo más que hacer en tu lugar.
- Trata de no enojarte con tu invitado o de molestarlo. Entiende que los invitados deben ser tratados con amabilidad.

Cuando Tu Invitado Se Va:
- Agradécele por venir a verte.
- Dile a tu invitado que estás contento de que él o ella haya venido.
- Limpia después de que tu invitado se vaya.

¡ENVUÉLVELO!

Que los Scouts respondan las preguntas para reflexionar sobre lo que han aprendido a través de esta insignia de Hospitalidad.

1. ¿Qué es la hospitalidad?
   _____
   _____

2. ¿Cómo puede Dios usar tus habilidades de Hospitalidad en el futuro?
   _____
   _____

3. De cada lección, escribe lo que has aprendido sobre, ¿Qué es la hospitalidad? :

   La hospitalidad es _____.
   La hospitalidad es _____.
   La hospitalidad es _____.

4. ¿Cómo practicaron los primeros Cristianos la hospitalidad? (Hechos 2: 46-47) ¿Cómo puedes hacer lo mismo?
   _____
   _____
   _____

_____   _____
Fecha   Firma del Guía

el ABC de la SALVACIÓN

A dmite que has pecado (hecho mal, desobedecido a Dios)

Dile a Dios lo que has hecho, arrepiéntete de ello y debes estar dispuesto a dejarlo.

Romanos 3:23 -"Por cuanto todos pecaron y están destituídos de la Gloria de Dios"

1 Juan 1:9 -"Si confesamos nuestros pecados, Él es fiel y justo para perdonarnos, y limpiarnos de toda maldad."

B usca de Dios, proclama a Jesús como tu Salvador.

Dí lo que Dios ha hecho por tí. Ama a Dios y sigue a Jesús.

Juan 1:12 -"A todos los que le recibieron, a los que creen en su nombre, les dio potestad de ser hechos hijos de Dios."

Romanos 10:13 -"Todo aquel que invocare el nombre del Señor, ese será salvo."

C ree que Dios te ama y envió a su Hijo, Jesús, para salvarte de tus pecados

Pide y recibe el perdón que Dios te está ofreciendo.

Ama a Dios y sigue a Jesús.

Juan 3:16 -"Dios amó tanto al mundo que dio a su Hijo Unigénito, para que todo aquel que en Él crea, no se pierda, más tenga vida eterna."

www.ingramcontent.com/pod-product-compliance
Lightning Source LLC
Chambersburg PA
CBHW071516040426
42444CB00008B/1668